法治天下

历代法制与公正严明

肖东发 主编　易述程 编著

中国出版集团

现代出版社

图书在版编目（CIP）数据

法治天下 / 易述程编著. — 北京：现代出版社，
2014.11（2019.1重印）
　（中华精神家园书系）
　ISBN 978-7-5143-3076-2

Ⅰ. ①法… Ⅱ. ①易… Ⅲ. ①法制史－中国－古代
Ⅳ. ①D929.2

中国版本图书馆CIP数据核字(2014)第244312号

法治天下：历代法制与公正严明

主　　编：肖东发
作　　者：易述程
责任编辑：王敬一
出版发行：现代出版社
通信地址：北京市定安门外安华里504号
邮政编码：100011
电　　话：010-64267325　64245264（传真）
网　　址：www.1980xd.com
电子邮箱：xiandai@cnpitc.com.cn
印　　刷：固安县云鼎印刷有限公司
开　　本：710mm×1000mm　1/16
印　　张：9.25
版　　次：2015年4月第1版　　2021年3月第4次印刷
书　　号：ISBN 978-7-5143-3076-2
定　　价：29.80元

党的十八大报告指出："文化是民族的血脉，是人民的精神家园。全面建成小康社会，实现中华民族伟大复兴，必须推动社会主义文化大发展大繁荣，兴起社会主义文化建设新高潮，提高国家文化软实力，发挥文化引领风尚、教育人民、服务社会、推动发展的作用。"

我国经过改革开放的历程，推进了民族振兴、国家富强、人民幸福的中国梦，推进了伟大复兴的历史进程。文化是立国之根，实现中国梦也是我国文化实现伟大复兴的过程，并最终体现为文化的发展繁荣。习近平指出，博大精深的中国优秀传统文化是我们在世界文化激荡中站稳脚跟的根基。中华文化源远流长，积淀着中华民族最深层的精神追求，代表着中华民族独特的精神标识，为中华民族生生不息、发展壮大提供了丰厚滋养。我们要认识中华文化的独特创造、价值理念、鲜明特色，增强文化自信和价值自信。

如今，我们正处在改革开放攻坚和经济发展的转型时期，面对世界各国形形色色的文化现象，面对各种眼花缭乱的现代传媒，我们要坚持文化自信，古为今用、洋为中用、推陈出新，有鉴别地加以对待，有扬弃地予以继承，传承和升华中华优秀传统文化，发展中国特色社会主义文化，增强国家文化软实力。

浩浩历史长河，熊熊文明薪火，中华文化源远流长，滚滚黄河、滔滔长江，是最直接的源头，这两大文化浪涛经过千百年冲刷洗礼和不断交流、融合以及沉淀，最终形成了求同存异、兼收并蓄的辉煌灿烂的中华文明，也是世界上唯一绵延不绝而从没中断的古老文化，并始终充满了生机与活力。

中华文化曾是东方文化摇篮，也是推动世界文明不断前行的动力之一。早在500年前，中华文化的四大发明催生了欧洲文艺复兴运动和地理大发现。中国四大发明先后传到西方，对于促进西方工业社会的形成和发展，曾起到了重要作用。

中华文化的力量，已经深深熔铸到我们的生命力、创造力和凝聚力中，是我们民族的基因。中华民族的精神，也已深深植根于绵延数千年的优秀文化传统之中，是我们的精神家园。

总之，中华文化博大精深，是中国各族人民五千年来创造、传承下来的物质文明和精神文明的总和，其内容包罗万象，浩若星汉，具有很强的文化纵深，蕴含丰富宝藏。我们要实现中华文化伟大复兴，首先要站在传统文化前沿，薪火相传，一脉相承，弘扬和发展五千年来优秀的、光明的、先进的、科学的、文明的和自豪的文化现象，融合古今中外一切文化精华，构建具有中国特色的现代民族文化，向世界和未来展示中华民族的文化力量、文化价值、文化形态与文化风采。

为此，在有关专家指导下，我们收集整理了大量古今资料和最新研究成果，特别编撰了本套大型书系。主要包括独具特色的语言文字、浩如烟海的文化典籍、名扬世界的科技工艺、异彩纷呈的文学艺术、充满智慧的中国哲学、完备而深刻的伦理道德、古风古韵的建筑遗存、深具内涵的自然名胜、悠久传承的历史文明，还有各具特色又相互交融的地域文化和民族文化等，充分显示了中华民族的厚重文化底蕴和强大民族凝聚力，具有极强的系统性、广博性和规模性。

本套书系的特点是全景展现，纵横捭阖，内容采取讲故事的方式进行叙述，语言通俗，明白晓畅，图文并茂，形象直观，古风古韵，格调高雅，具有很强的可读性、欣赏性、知识性和延伸性，能够让广大读者全面接触和感受中国文化的丰富内涵，增强中华儿女民族自尊心和文化自豪感，并能很好继承和弘扬中国文化，创造未来中国特色的先进民族文化。

2014年4月18日

上古时期——建章立制

中古时期——礼法并用

近古时期——遭时定制

近世时期——法度天下

春秋战国是我国历史的上古时期。此时期的诸侯争霸、百家争鸣和各国变法图强，促成了一个前所未有的动荡与变革局面。

在这个破旧立新的变革时期，法家思想家管仲、李悝、商鞅等人提出了"依法治国"的主张，在实践中积极变法，建立法制，制定法令条例，树立规范，规定法则。

通过立法和执法，依法治国，实现了由"刑"到"法"再到"律"的演进，其中包含法律概念的逐渐清晰以及人们认识水平的发展，对后世封建法律的制定和实施意义深远。

建章立制

管仲兼顾富国富民依法治国

管仲，（约前723年或前716年—前645年），名夷吾，史称管子。周穆王的后代。谥号"敬仲"，故又称管敬仲。管仲是春秋时期齐国名相，他辅佐齐桓公，以法治国，涵及治农、治政、治军、治贪、治商工等方面，使齐国由弱变强，成为春秋五霸之首。

在法治方面，管仲着重兼顾"富国"与"富民"，采取了许多行之有效的依法治国的措施。他在法律制度和依法治国方面的许多建树，在我国乃至世界立法史上都属于首创。

■春秋时期齐国名相管仲画像

齐国是一个文化底蕴深厚、重视法制建设的国家。管仲承袭了自齐太公姜尚以来一直保持的重农耕、重工商、尊贤尚功、宽厚爱民思想，在齐国颁布了一套新的法律措施。

■ 管仲所著《管子》一书书影

在管仲以前的数千年中，自从有"国家"这个概念以来，土地一直都属于国家所有。这种制度虽然在一定时期内起到十分积极的作用，但是随着时间的推移，越来越不适应国家经济发展的进一步需要。

于是，管仲这位有大毅力、大气魄的政治家迎难而上，在为相期间，他颁布一项法令："相地而衰征。"意思是按照土地肥瘠的不同，征收不等额的租税。这是历史上第一次以法律形式确定土地私有制。

管仲"相地而衰征"的法令并没有直接明文规定承认土地私有的合法性，但他把土地分为"陆、阜、陵、墐、井、田、畴"几个不同的等级，按照农民实际占有土地的质量来确定其不同税率的分别征税。

这样的法令实施的前提，就是土地的所有权是属于私人的，只有私人的土地才能征税。这实际上是承认了私人占有土地的社会现实。

管仲虽然并未宣布废除公田，但根据对土地等级的划分，可以看出管仲已完全突破了井田制模式。

此令一出，农民就可放心耕种私田，只要他们依

姜尚（约前1156年—约前1017年），也称吕尚，名望，字子牙或牙，俗称姜太公，因他是齐国的始祖而称"太公望"。生于商周时期东海海滨，即今安徽省临泉县。我国商周时期政治家、军事家和谋略家。他的统军和治国方面的才能，被千古传颂。

税率 指的是税额与课税对象之间的数量关系或比例关系，是指课税的尺度。在秦以前，国家财政与王室财政基本上没有分开，财政收入都归王室所有，由王室统一支配。

盐铁官 古代掌管盐铁的官员。盐、铁是我国古代专卖立法的最主要对象。春秋时期，齐国管仲设立盐铁官，专项管理国家盐铁业，盐、铁由国家垄断经营。

法缴纳税赋，国家就不干预他们所占有耕地的"公"与"私"，土地能掌握在自己手里，这是农民一直不敢奢求的梦想，干起农活儿来别提多有劲儿了。

这个措施不仅稳定了人心，而且因差额税率较合理地调剂了农民的财税负担，从而调动了他们的生产积极性，极大地促进了齐国农业生产的效率，为齐国经济的腾飞奠定了基础。

管仲十分重视农耕。农业是一个国家的立国之本，我国古代的农民除了种地养活自己外，还要服徭役，就是为国家做义务劳动。

但是农业发展需要大量的人力物力，就此劳动力使用上的矛盾，并由此引发了一系列问题。管仲及时地发现了这个问题，因此运用立法的手段，以法律的形式保护农业和农民的利益。

管仲除实行"相地而衰征"的政策外，还规定了"无夺民时"的农业保护法，即不许各级官府、富人

■农民耕种土地

在农忙季节征用劳役，以保护农业生产适时顺利地进行。

同时，管仲发布了"牺牲不略"的法令，即不准富人掠夺平民的牛羊牲畜，以保护耕牛的繁殖和牧业的发展。对无法维持生活的穷人，政府要实行救济措施。

管仲在重视农业的同时，也不忽视商业的发展。齐国的商业一直十分发达，因此齐国的货物流转天下。但是自管仲之前，随着市局的混乱，齐国的贸易额持续下滑，经济一直呈萎缩状态，导致了市场的低迷。

面对这一困境，管仲的举措体现出了他超越常人的大气魄。他利用齐国滨海和矿产比较丰富的有利的自然条件，大力发展渔业、盐业和冶铁业。他设置盐铁官管理盐铁业，并由国家垄断经营，同时还采取了鱼盐出口不纳税的政策，用以鼓励渔盐贸易。

他不仅在国内发展商业，而且还开关通市，广招天下客商入齐贸易。为此，他制定了优惠的贸易法："关市讥而不征。"意思就是对国外客商只进行必要的盘查，而免除其关税。

■ 管仲塑像

贝朋 古代串贝而成的货币。相传五贝为一朋，一说两贝为一朋。贝壳、贝币可以说是我国使用时间最早而且延续时间最长的一种实物货币。古人使用贝币，多用绳索将它们穿成一串，所以一串也成一单位。贝币最早的货币单位为"朋"，即10枚成一串，两串为一朋。

到齐国通商竟然还免税，有这样的好事当然使得天下的商贾云集齐国，齐国也因此得到了本国所缺乏的物资，又将多余的物资卖出国门，这当然对齐国经济极为有利，促进了市场的繁荣。

管仲还确立了法定的货币。管仲在齐国设立了专管货币的机构"轻重九府"。"轻重"在古语中指钱币，"九府"是指掌管财政的9个官署，即大府、王府、内府、外府、泉府、天府、职内、职金、职币。

齐国由政府统一铸造货币，这种规范的货币呈刀形，名为"齐法化"或"节墨法化"，俗称"齐刀"。

事实上，在我国历史上，虽然"国家"的概念出现得早，但一直没有确立由国家正式颁布发行的货币，货币尚无统一形式，用作货币的有贝、布、金或铜、帛、皮、币，以及由官方或民间所铸的不规范金属币等。这些货币混乱地流通于市场，对经济的发展造成了严重的阻碍。

作为法币的"齐刀"出现后，其价值是固定的，可按一定比例与上述货币兑换，如"齐刀"一枚值20贝朋，一贝朋为两串，每串四五个。

在环境保护方面，管仲面对当时"竭泽而渔"的经济开发，为了有效利用齐国的林木和渔业资源，

制定了一条"山泽各致其时"的法令。意思就是禁止
人们为了眼前利益而滥伐滥捕，以保护树木和鱼类的
正常生长、免遭破坏。伐木和捕猎只准在适当的季节
进行。

在国内自由经济蓬勃发展的同时，管仲并没有放
松警惕。因为他知道，市场必须掌握在政府手中，政
府必须对市场拥有强有力的干涉力度，才能保持整个
国家经济秩序的稳定。政府要有控制市场的能力，就
必须拥有无与伦比的经济实力，而这些经济实力来源
于国家的重要产业。

在当时，盐和铁作为生活的必需品，其中蕴含的
暴利无法想象，同时也为了扩大财政收入的需要，管
仲首创了一项名为"官山海"的法令。这是我国古代
理财家关于由国家设置官员、机构控制山林川泽等自
然资源的经济政策。

"官山海"中的"山海"，主要指藏于大海中的
食盐和藏于山岭中的铁矿两项重要资源。所以说"官

■ 战国齐国刀币 为
齐国铸造的货币，
主要流通在齐国，
今山东半岛地区。
齐刀比较厚重，以
厚大精美而著称，
基本形制是尖首、
弧背、凹刃，刀的
末端有圆环，面、
背有文字或饰纹。
齐刀背面文字记数
字的不多，绝大部
分记1个文字或记
两个文字，如土、
日、吉、司、正、
至、公、化、人、
立等单字，有一刀
币背面刻有"齐法
化"3字，另一刀币
背面刻有"法甘"
字样，还有的刀币
背面只有符号，没
有文字。

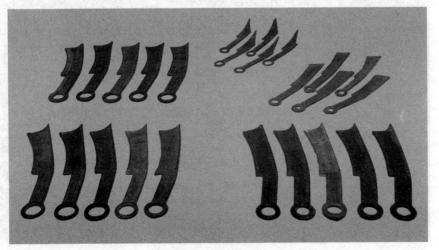

大夫 古代官名。西周以后先秦诸侯国中，在国君之下有卿、大夫、士三级。大夫世袭，有封地。后世遂以大夫为一般任官职之称。秦汉以后，中央要职有御史大夫，至唐宋尚有御史大夫及谏议大夫之官，明清废除。隋唐以后以大夫为高级官阶之称号。清朝高级文职官阶称大夫，武职则称将军。

山海"就是实施制盐业和冶铁业的国家垄断性经营，实施食盐和铁器的国家专卖。

这就以法律的形式确立了国家对盐铁实行专卖的合法性，有效地保证了国家的垄断地位，民间商人不得经营。

专卖的盈利，作为政府的财政收入以充实国库。这种极具特色的财税政策，被后世统治者所继承。

管仲为了保证依法治国的有效贯彻和执行，需要得力的官吏来做这项工作。为此，他制定了以德才为标准的选官办法，在齐国实行"三选"制度。

首先由乡长和属大夫荐举贤才，再经中央长官进行为期一年的考察，最后，由国君齐桓公面试，仔细了解他的素质。凡是考问其国家忧患之事而应对不穷的且没有大过的，就可待时用之。这叫作"三选"。

管仲通过德和才两方面的标准来选拔人才。在德

的方面，他选好义、质仁、慈孝父母又长悌闻于乡里的人。在才的方面，他强调"好学、聪仁"。

当时齐国人基本还是以自学为主的家学，人才多出自自学和家学，管仲支持、鼓励好学、聪仁是有远见的。同时他强调人要有勇、体魄强壮、筋骨出众，这既是国防和军队建设的需要，也是国家官员必备的条件。

管仲主张处罚那些不慈孝父母，骄横乡里，不遵守法令的人。他多次强调：不准听淫乱的言辞，不准造淫乱物品。对有违犯君令的人，要分别给予处分，以达到"政成国安"的目的。

通过"三选"，大批有德行、有才能的人才源源不断地被选出来，有勇气、有体魄筋骨出众的人才也被选出来，官员不断得到补充，保持官员队伍的健康发展，对国家的长治久安关系极大。

齐桓公（前716年—前643年），姜姓，吕氏，名小白。春秋时齐国国君。他在位时期任用管仲改革，使国富民强，九合诸侯，一匡天下，成为春秋时期的第一个霸主。桓公晚年昏庸，信用易牙、竖刁等小人，最终导致在内乱中饿死。

■ 齐国城郭复原模型

■齐国故城遗址博物管

　　总之，管仲在立法时着重兼顾"富国"与"富民"两方面。虽然他这样立法的最终目的是为了维护国家的利益，但是那种原始的古典的民本思想给民众带来了较多的实惠，也正因为如此，齐国才得以成为当时最强盛的大国。

　　孔子曾经称赞管仲说："微管仲，吾其被发左衽矣。"意思就是说："要是没有管仲，我们都会披散头发，左开衣襟，成为蛮人统治下的老百姓了。"

阅读链接

　　齐桓公晚年时身边有易牙、竖刁和开方3个佞臣。齐桓公曾经对他们开玩笑说想尝尝人肉的滋味，易牙就把自己亲生的儿子蒸了；竖刁为了达到能亲近齐桓公的目的，自己做了阉割；开方本是魏国的公子，为了表示对齐桓公的忠诚，15年不回魏国见父母。

　　管仲对这3个谄媚小人的意图了如指掌。齐桓公想从3人当中提拔一个接替管仲的相位，管仲坚决反对。

　　可是管仲一死，齐桓公便让这3个奸佞小人掌握了朝廷大权。终于害人害己，落了个异常悲惨的结局。

我国古代首次公布成文法

春秋时期的法制变革，主要体现在公布成文法的方面。在公元前536年，郑国执政子产鉴于当时社会关系的变化和旧礼制的破坏，率先"铸刑书于鼎，以为国之常法"，这就是我国历史上第一次正式公布成文法的活动。还有晋国的赵鞅把刑书刻在鼎上，公布了晋国的成文法。郑大夫邓析自行修订的"竹刑"，在当时影响很大，奠定了后世刑法的基础。

公布成文法活动是我国法律史上一次划时代的伟大变革，在我国古代法律史上产生了重大的影响。

■郑国执政子产画像

■ 子产祠园

子产 名姬侨，字子产，又字子美，世称公孙侨、郑子产。生于春秋后期的郑国，即今河南省新郑市。著名的政治家和思想家。他铸刑鼎公布成文法，为我国古代公布成文法第一人，在当时的郑国发挥了重要作用，在我国法制史上产生了深远的影响。

春秋时期，是我国奴隶社会向封建社会过渡的时期。这是一个大动荡、大变革的时代，公布成文法的斗争就是其中一个重要内容。

在当时，新兴地主们反对奴隶主贵族垄断法律，坚决要求把成文法律公布出来，以保护他们的私有财产和其他权利。代表新兴地主利益的子产、赵鞅和邓析等人，旗帜鲜明地发出了要求法律透明的强烈呼喊，并积极进行公布成文法的实践活动。

成文法又称制定法，主要是指国家机关根据法定程序制定发布的具体系统的法律文件。成文法是"不成文法"的对称。国家机关依立法程序制定的、以规范性文件的形式表现出来的法。

我国最早的成文法律出现在春秋时期的郑国，是由当时在郑国执政的子产制定的。郑国虽然有过郑庄公小霸天下的辉煌历史，但它毕竟是一个后起的小国，而且，由于长期内乱，郑国的国力当时已非常衰弱，经常受到晋国和楚国的欺负。因此，子产在郑国为相执政后，除了和邻国搞好关系外，就开始了改革兴国，大力制定相关法律，剔除弊政，依法治国。

在当时，郑国国内的宗族势力非常强大，很大程度上制约和影响了国家的发展。对此，子产采取恩威并用的策略，打击与安抚并举。

公元前536年，子产意志坚定地开展了法制建设，把惩治罪犯的刑律铸在金属鼎上，向全国老百姓公布，令国民周知这是国家常用的法律。史称"铸刑鼎"。这是我国历史上第一次公布成文法。

铸刑鼎是子产改革的标志性事件之一，也是子产对他从公元前543年开始执政以来所进行的诸项改革的总结。

子产在改革时曾经从法律意义上规定：君臣上下必须尽职尽责；生产方面的田地的封界、灌溉系统必

■ 子产祠园的牌坊

须做好；赋税确定法定数额；对于卿大夫，忠谨俭约者奖励提拔，玩忽职守、奢侈腐化者予以撤职查办；等等。

■刑鼎

子产公布成文法的做法，冲击了奴隶主贵族的特权，因而遭到守旧势力的强烈反对。晋国大臣、奴隶主贵族叔向专门为此给子产写了一封措词严厉的信。

信中说，本来民众怀着恐惧之心，不敢随便乱来。你把法律公布了，民众就会钻法律的空子，争相琢磨怎么做坏事而不至于被制裁，这样就不怕长官了，反而会导致犯法的事情越来越多，腐败贿赂到处泛滥，郑国也会因此而完蛋！

在子产公布成文法潮流的推动之下，公元前513年，也就是子产铸刑鼎二十多年之后的冬天，晋国赵鞅也展开了积极行动。他向晋国百姓发出征收铁的号召，把最后征收的"一鼓铁"480斤熔铸成鼎，将当年范宣子时代所制定的法度铸于鼎上，向百姓公布。

进入春秋时期，随着生产力的进步，社会组织结构和政治经济制度都发生了很大的变化，旧的社会秩序遭到很大的破坏，各诸侯国开始逐渐出

■范宣子 祁姓，范氏，名匄，其名范匄；因范氏为士氏旁支，故又称士匄；史称"范宣子"。春秋时期晋国人。其历史功绩突出体现在刑法建设方面。他的"范宣子刑书"被赵鞅铸在鼎上，公布于众，被公认为我国古代第二次公布的成文法。

法治天下

历代法制与公正严明

现了成文法。

在这场变革中，晋国的改革最有成效，公族从政治舞台消逝了，维系统治集团的血缘纽带被割断了，土地制度也发生了巨大变化，"作爰田""作州兵"，人民与土地从领主手中转到国家政权手中，促使郡县制在晋国迅猛发展。为了在这种形势下保证国家机器正常运转，要求必须有法典来统治人们。

公元前550年，范宣子在以往晋国法典的基础上，制定了一部刑书，即"范宣子刑书"，它是晋国法制史上第一部从国家总法中分离出来的刑事法规。其具体内容已难以考知。这部刑书问世后，最初被藏于秘府，为贵族所垄断。直至公元前513年，晋卿赵鞅才把范宣子刑书铸在鼎上，公布于众。

铸刑鼎一事在晋国影响极其深远，标志着晋国执政官权威的严重下滑，国家离心力的加剧。当晋侯不再是一国之重心，正卿尚且可取而代之。如今正卿的权威也必须受到赵鞅法律的监视与钳制，晋国的向心力受到更为严重的削弱。

晋国"刑不上大夫，礼不下庶人"的时代一去不复返了。这是我国历史上第二次公布成文法。

晋国铸鼎公布成文法事件，在当时引起社会各界的轰动，造成世人喋喋不休的议论，同时，也遭到了士大

叔向　姬姓，羊舌氏，名肸，字叔誉，因被封于杨，今山西洪洞县，故称杨氏，又称叔肸、杨肸。他是春秋后期晋国贤臣，政治家、外交家。以正直和才识见称于世，留下了一些重要的政治见解和政治风范。曾达成晋、楚两国的弭兵会盟，缓和了当时的形势。

■晋国三足鼎

■ 晋侯鼎

正卿 春秋时部分诸侯国的执政大臣兼军事最高指挥官，上卿兼执政卿于一身。比如，晋之赵盾，楚之令尹，鲁之东门襄仲，权力仅次于国君。但也有部分诸侯因政体不同，没有设正卿一职。如郑以罕虎当国，公孙侨为政，即子皮为上卿，而子产为执政卿，子产则不可妄称正卿。

夫的强烈声讨。

从晋国的叔向和士大夫的反对，可以看出，在当时公布法律，实在要面对巨大压力。

其实，公布成文法与反对公布成文法，是春秋时期新旧势力之间的一场论战，也是"法治"与"礼治"的较量。尽管"铸刑书"和"铸刑鼎"分别遭到守旧势力的反对和非难，但是，公布成文法已经成为不可阻挡的时代潮流。

事实上，成文法的公布也确实收到了积极的效果。在郑国，随着人们逐渐对法律的认识，社会治理的透明度大大增强了，受到大众欢迎，犯罪案件也大大减少了。

与此同时，子产的改革措施给人们带来了超过以前的实惠，田地产量增加了，生活变好了，人们由怨恨变成了拥护。

在晋国，铸刑鼎之后，晋侯已经不再是一国之重心，而正卿虽然可以取而代之，但其权威也必须受到赵鞅法律的监视与钳制，同时要在一定程度上受到公众舆论的监督。

而从更深远的意义上看，赵鞅向旧的宗法制度发起猛烈冲击，严重动摇和瓦解了奴隶制的基础，加速了晋国封建化的进程，其影响甚至波及我国历史发展的整个过程。

　　春秋时期确实是一个大变革的时代。在晋国赵鞅铸鼎公布成文法之后，公元前501年，郑国大夫邓析也把他起草的刑法，刻在竹简上公布了出来。史称"竹刑"。

　　从当时的情况来看，作为公布成文法的方式之一，"竹刑"符合"法律透明"这一时代要求。此前的刑鼎笨重，而"竹刑"则便于携带、查阅、依照和流传。

　　"竹刑"最初属于私人著作，但在当时有很大影响。邓析虽然因为"私造刑法"有违"国家法制"，被郑国执政驷歂处死。但是他的"竹刑"在郑国流传并为国家认可，从而成为官方的法律。

　　因为邓析撰写的《竹刑》，作为刑书原本没有什么法律效力，但被驷歂采用后，真正具有了实际的法律效力。

　　与子产等铸刑鼎一样，邓析作"竹刑"也是法家先驱者制定法律和将法令条文公诸于世的一种重大举措，是对奴隶制的礼治的否定。

　　在当时，邓析比子产还要激进，他对子产所推行的一些政策不满，甚至对于子产的铸刑书也多有批评，于是自编了一套更

■ 古书《刑法志》

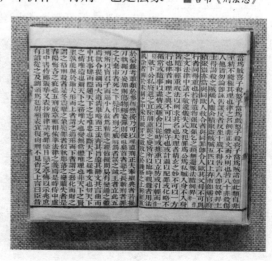

子大叔 姬姓，游氏，名吉，字大叔，其名游吉，世人尊称子大叔。春秋时郑国正卿，政治家和外交家。他于公元前522年继子产执政。长于辞令，多次出使晋、楚大国，为政先宽后猛。子大叔的多次外交活动中表现出的敦厚、持重的政治风采而深得世人尊敬。

能适应社会变革要求的成文法，将其刻在竹简上公布出来。

"竹刑"的目的是要改变郑国的旧制，既不效法先王，不肯定礼义，也不接受当时国君的命令，这体现了新兴地主们的意志。

邓析还聚众讲学，向人们传授法律知识和诉讼方法，他家门口挤满了要求普法的百姓。他还帮助别人诉讼，被称为我国历史上最早的律师。

在诉讼的过程中，他敢于提出自己的独到见解。在他的倡导下，郑国出现了一股新的思潮，对当时的统治者造成严重威胁。

继子产、子大叔而任郑国执政的姬驷歂对付不了这种局面，于是杀其人而用其法，可见其"竹刑"的合理性。

"竹刑""刑鼎"均已不传世。但从立法者所推行的政策来看，春秋各国颁行的新法，无疑有利于社会的发展。而且公布成文法的本身，就突破了"刑不可知，则威不可测"的旧传统，是对贵族垄断法律特

■春秋玉璜

权的沉重打击。

春秋时期制定和公布成文法，是我国古代法制改革的一次重大胜利，是春秋时期社会变革的深刻反映，对后世产生了深远影响。

■春秋蟠螭纹罍

它打破了贵族阶级对司法的垄断，结束了法律高深神秘的状态，使法律走向了公开化；限制了贵族阶级的特权，体现了"法律面前人人平等"的思想；标志着法律观念和法律技术的重大进步。

同时，公布成文法为此后的封建成文法的发展与完善积累了经验，并标志着以封建社会关系为内容的成文法律体系开始走向我国法律的历史舞台，在我国漫长的法制史中有着十分重大的意义。

阅读链接

郑国有一年发大水，一个富人被淹死了。有人打捞起富人的尸体，富人家属去赎尸体时，他要价很高。富人家属就来找邓析出主意。邓析对富人家属说："你安心回家去吧，那些人只能将尸体卖你的，别人是不会买的。"

于是富人家属就不再去找得尸者了。得尸体的人也来请邓析出主意。邓析又对他说："你放心，富人家属除了向你买，再无别处可以买回尸体了。"

邓析的两个回答都是正确的，反映出他已经具有法律层面的完整的朴素辩证观念。

第一部系统封建法典《法经》

　　《法经》是我国历史上第一部比较系统完整的封建成文法典，但它并不是第一部成文法，在此之前已经颁布了很多法典，只是不太完善。《法经》的制定者是战国时期的著名改革家李悝。

　　当时各国变法很多，李悝在魏文侯的支持下进行变法，其重要的成果之一就是制定了《法经》。《法经》影响深远，成为以后历代法典的蓝本。

　　李悝在魏国推行的变法运动，是中国变法之始，在我国历史上产生了深远的影响。在当时便对其他各国震动很大，从而引发了我国历史上第一次轰轰烈烈的全国性变法，为奴隶制向封建制的过渡，铺平了道路。

■李悝画像

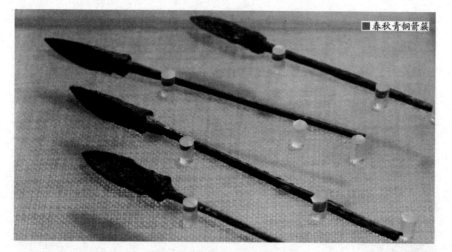

继春秋时期之后，我国历史进入了战国时代。这是一个奴隶制彻底瓦解、封建制度初步形成的历史大变革时代。

新兴地主们为了建立和发展封建社会制度，先后进行一系列的变法改革运动，封建生产关系及上层建筑在各国陆续确立起来，封建法律制度也取代奴隶制度而逐渐形成。

战国时期的各国变法运动，首先是从魏国开始的。魏文侯在位统治时期，为了富国强兵，起用李悝为相，着手变法改革。李悝在被魏文侯任命为相之前，曾做过魏国的上地郡守。在任职期间，他就依法治理管辖的区域。

上地郡为魏文侯设置，辖地为洛河以东、黄梁河以北，东北到子长、延安一带。上地郡西与秦为邻，是魏国的边防要地，常与秦国发生军事冲突。

为使上地郡军民 提高射箭技术，李悝下令以射箭来决断诉讼案的曲直。令下后，人们都争相练习射技，日夜不停。后与秦国人作战，由于魏军射技精良，因而大败秦军。

射技高低与是非的曲直是不能等同的，李悝用以决曲直的诉案，可能是一些久拖不决或无关紧要的一般讼案。在战国时与秦接境的地区，军事是压倒一切的任务，李悝用此法来鼓励人们习军事技术，并取得很好的效果，不能不是一个创造。因为他在上地郡的政绩不错，魏文侯才任用他为相，支持他的改革。

在李悝的直接主持下，魏国的变法改革取得了非常显著的成效，无论在经济、政治上，还是法律上都产生了很大的影响。其中在法律方面，编撰《法经》，推行法治。

在当时，李悝废除"世卿世禄"制度，废井田开阡陌，尽地力之教，劝农力田，推行"平籴法"。这些措施使魏国一跃成为战国初期的强国之一。

为了进一步实行变法，巩固变法的成果，李悝曾汇集各国刑典，编成《法经》一书，通过魏文侯予以公布，以法律的形式肯定和保护变法，使之成为固定的封建法律。这是我国历史上第一部完整系统的法典著作。

李悝是法家的早期代表人物，而他的老师却是儒家创始人孔子的嫡传弟子子夏。子夏的思想核心是"重礼"和"博学"，李悝继承了子夏的"重礼"思想，体现在《法经》里面，就是在废除"世卿世禄"的同时，又正式确认了封建等级制度的森严。这反映了李悝立法思想受到儒学影响。

《法经》产生于战国初期，正是我国由奴隶制社会向封建制社会转型

平籴法 李悝变法时推行的重农抑商，平抑粮价的一项措施。规定由国家控制粮食的购销和价格：政府在丰年以平价收购农民余粮，防止商人压价伤农；在灾年则平价出售储备粮，防止商人抬价伤民。李悝的"平籴法"取得了很好的效果，魏国实行后，获利逐渐增强。

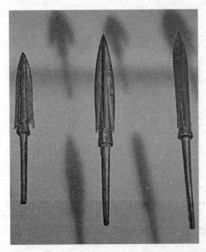
■战国长铤箭镞

■子夏 姓卜名商，卫国温人，是孔子晚年的得意弟子之一。子夏是继孔子之后，系统传授儒家经典的第一人，对儒家文献的流传和学术思想的发展做出了重大的贡献，被后世誉为传经之鼻祖。子夏还在儒家思想的发展和创新方面取得很大成就。

时期，它所代表的法律文化，是建立在新兴的、封建的自然经济基础上的，其内容是受封建的自然经济关系所制约的。

按史料记载，《法经》共有6篇：《盗法》《贼法》《囚法》《捕法》《杂法》和《具法》。

《盗法》是涉及公私财产受到侵犯的法律；《贼法》是有关危及政权稳定和人身安全的法律；《囚法》是有关审判、断狱的法律；《捕法》是有关追捕罪犯的法律；《杂法》是惩治盗贼罪以外的其他犯罪的法律；《具法》是规定定罪量刑的通例与原则的法律。

《法经》首先是一部私有制法，"王者之政，莫急于盗贼"是该法的立法之本，认为盗贼是法律打击的最主要对象，排在最开头的《盗法》《贼法》就是专讲侵犯私有财产的犯罪行为及惩治办法。

对于盗窃他人财产的行为，法律规定了直至籍没其妻家、母家等最严厉的惩罚，甚至连路上拾遗的行为都要遭到断足的处罚。

虽然刑罚过于残酷，但这种保护私有制，以确立崭新生产关系的决心是跃然可见的。除此之外，《法经》还是最早的限制价格法、反贪污法、户籍法和婚

法家 法家是先秦诸子中对法律最为重视的一派。他们以在法律界及法理学方面做出了卓越贡献而闻名，并提出了一整套的理论和方法。主要代表人物有申不害、商鞅、韩非等。主张法制，反对礼治。

姻法。

在价格方面，《法经》中的限制价格是与变法中的"平籴法"一致的，目的是防止价格大幅波动，以稳定市场。

在反贪污方面，《法经》中规定，禁止官员贪污受贿，违者，将军级别以下的处死，宰相则处死他的属下。

在户籍方面，《法经》中规定，所有本国居民都必须登记在册，登记的内容包括姓名、性别、出生年月等。

在婚姻方面，《法经》规定，禁止夫有二妻或妻有外夫，夫有二妻的要被处死，有一妻二妾的要被处以敲掉罗丝骨。关于一夫一妻制，在一夫多妻制的时代，李悝确立这一原则，其进步意义是不言而喻的。

有了法，就可以"以法治国"。《法经》所确定的"法治"原则是不分亲疏，不别贵贱，一概由法律来裁断，其目的是要取代奴隶制时代的"礼治"。

但《法经》在定罪量刑方面，强调根据不同情节

■ 春秋时期用于联盟的石圭盟书

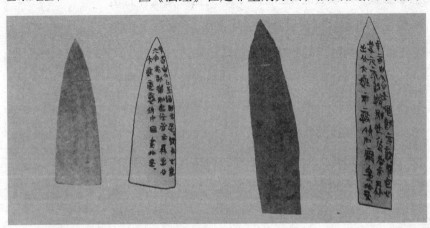

■战国牛虎铜案

给予加刑或者减刑，并主张以减刑为主。这也就是说，《法经》在打破旧的等级秩序的同时，也在建立新的等级秩序。

同时，《法经》改刑为法，将法与刑分开，并以严惩盗、贼罪为核心，为封建法典系统化奠定基础，在我国立法史上占有十分重要的地位。

《法经》对后世的封建立法及其法制内容产生着深远影响。继此之后，商鞅就是带着《法经》到秦国去的，并在此基础上制定出《秦律》；萧何在《法经》六篇的基础上把汉代法律增加到九篇；以后的唐律，乃至明清刑律，无不秉承着自李悝以来所确立的立法原则。

阅读链接

魏文侯准备任魏成子为相。翟璜很不服气，他对李悝诉说自己为魏文侯所做的一切。

李悝耐心听完，最后说："您怎么能跟魏成子相比呢？魏成子有千钟俸禄，十分之一用在家里，十分之九用于招揽人才，君主把他们奉为老师。您所推荐的那5个人，君主都任他们为臣，您怎么能跟魏成子相比呢？"

翟璜迟疑徘徊后拜两拜说："我翟璜是浅薄的人，说话很不得当，我愿终身做您的弟子。"魏文侯后任魏成子为相，翟璜在李悝的开导下也没意见了。

先秦法家三派及其法制建设

　　法家是先秦诸子中对法律最为重视的一派。先秦法家学派以法、术、势三个派系成鼎足之势。 法派以商鞅为宗，主张以严刑厚赏来推行法令；术派以申不害为宗，主张君主操纵臣下；势派以慎到为宗，主张君主集权。

■ 商鞅雕塑

　　他们主张"以法治国"，提出了一整套理论和方法，为后来建立封建法典提供了理论依据。

　　战国历史上最成功的变法是商鞅变法，商鞅变法使秦国强盛了百年，使得秦国国富兵强，最终在秦始皇的手下一统中国，可见商鞅变法的巨大功效。

■ 商鞅 （约前395年—前338年），又称卫鞅、公孙鞅。生于战国时期的卫国，今河南省安阳市。战国时期政治家和思想家，先秦法家代表人物。商鞅通过变法，使秦国的国力得到了加强，为后来秦国统一六国奠定了坚实的基础。

商鞅是战国时期著名的法家代表人物，是"法"派的代表。他应秦孝公求贤令入秦，说服秦孝公变法图强，推行了一系列改革措施。

商鞅在秦国辅佐孝公进行的法制改革，分两次进行。第一次主要是以剥夺旧贵族的特权为主；第二次是以废除旧贵族赖以统治的经济基础为主。两次法律改革中采取了诸多措施并影响深远。

一是剥夺旧贵族的特权。一方面，废除"世卿世禄"制，规定除国君嫡系以外的宗室贵族，若无军功，就撤销其爵禄和贵族身份。另一方面，奖励军功，建立军功爵禄等级制度，扩大新兴地主们的社会地位。此外，取消"刑不上大夫"的特权，这乃是对旧贵族在法律方面特权的剥权。

二是从法律上废除井田制。废除原来井田制的田界，确立封建土地所有制，国家按亩收税作为财政的来源，从而废除了旧贵族赖以统治的经济基础。同时，允许土地可以自由买卖。这一规定，更有利于封建生产关系的确立与发展。

027

上古时期

建章立制

秦孝公求贤令
是战国时秦国国君秦孝公于公元前361年颁布的招揽人才的通告。当仅有21岁的秦孝公正式登基时，秦不为各国重视。于是，他颁布了"求贤令"。卫国人商鞅在这种背景下来到秦国，并通过两次有力的改革举措，使秦国走上了富国强兵之路。

秦王嬴政 （前259年—前210年），嬴姓，赵氏，故又称赵政，生于赵国首都邯郸。他是秦庄襄王嬴子楚之子，公元前247年，秦庄襄王驾崩，13岁的嬴政被立为秦王，故称"秦王嬴政"。我国历史上著名的政治家、战略家、改革家，我国统一六国后的第一位皇帝。被誉为"千古一帝"。

三是颁布"连坐法"。所谓连坐，即因一人犯罪牵连亲属、邻里、同伍以及其他与之有联系的人都要承担罪责的刑罚制度。连坐的范围很广，有同居连坐、邻伍连坐、军伍连坐、职务连坐等。

并规定同伍有罪互相纠举，奖励告奸，不告奸者腰斩，告奸者受赏，匿奸者与降敌同罪。实行这样一套严厉的管理体制，有利于中央对全国的管理，从而加强了中央集权制。

四是执法不分亲疏。商鞅强调，立法必须严格执行。他规定：自卿相、将军以至大夫、庶人，不分职务和身份的高低，凡不服从国王命令，触犯国家法律，破坏国家制度的，"罪死不赦"。

秦国由于商鞅变法，改革比较彻底，推行新法比较得力，并建立了一套新的符合经济基础需要的行政管理体制和各项制度，所以秦国经济很快得到发展，逐渐具备了雄厚的政治、经济实力，一跃而为七国之首，为后来秦王嬴政统一天下奠定了基础。

申不害是战国时期著名的思想家和改革家，法家思想代表人物之一，以"术"著称于世。他原是郑国

■ 商鞅青铜方升

人，韩灭郑后，申不害被韩昭侯起用为相，进行改革。申不害主张以法治国，而韩昭侯又颇具雄心。于是，申不害在韩昭侯的支持下，提出了一整套内修政教的"术"治方略。

■战国青铜器

一是整顿吏治，加强君主集权统治。申不害首先向当时挟封地自重的侠氏、公厘和段氏三大强族开刀，果断收回其特权，毁掉其城堡，清理其府库财富充盈国库。这不但稳固了韩国的政治局面，而且使韩国经济实力大增。

与此同时，大行"术"治，整顿官吏队伍，对官吏加强考核和监督，有效提高了国家政权的行政效率，使韩国显现出一派生机勃勃的局面。

二是整肃军兵。申不害被韩昭侯任命为上将军，将贵族私家亲兵收编为国家军队，与原有国兵混编，进行严格的军事训练，使韩国的战斗力大为提高。

特别值得一提的是，申不害为富国强兵，还十分重视土地问题。他极力主张百姓多开荒地，多种粮食。同时，他还重视和鼓励发展手工业，特别是兵器制造。

所以战国时代，韩国冶铸业是比较发达的。当时就有"天下之宝剑韩为众""天下强弓劲弩，皆自韩出"的说法。

韩昭侯 名韩武，别称韩厘侯、韩昭厘王。战国时期韩国的国君。战国七雄之中，以韩国最为弱小。韩昭侯在位期间任申不害主持国政，内修政务，外御强敌，国势安定。使韩国政治清明，国力强大，诸侯不敢侵韩。

申不害在韩15年，帮助韩昭侯推行法治和"术"治，使韩国君主专制得到加强，国内政局得到稳定，贵族特权受到限制，百姓生活渐趋富裕。韩国虽然处于强国的包围之中，却能相安无事，成为与齐、楚、燕、赵、魏、秦并列的"战国七雄"之一。

慎到是战国时期赵国人，原来学习道家思想，是从道家中分出来的法家代表人物，是"势"派的代表。齐宣王时他曾长期在稷下讲学，主张实行法治，重视权势，做到令行禁止。慎到在讲学时学生很多，在当时享有盛名。他的法制建设贡献主要是他法制思想的传播。

一是尊君和尚法。慎到非常重视法律的作用，认为治国无法则乱，坚决主张"法治"；而要实行"法治"，就必须尊君和尚法。

为了尊君，慎到不仅反对与国君分庭抗礼的贵族，也反对儒、墨的尊贤、尚贤，认为"多贤不可以多君，无贤不可以无君"；为了尚法，在君主具体执法过程中，百姓、百官听从于君主的政令，而君主做事必须完全依法行事。只有各级官吏严格遵守法律和执行法律，百

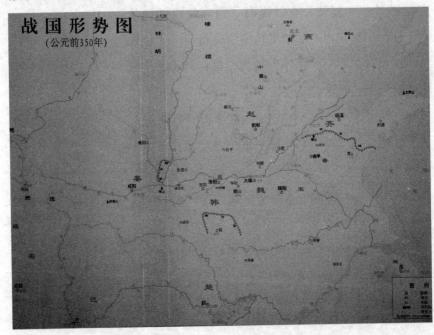

战国形势图
（公元前350年）

姓接受法令的规定，按法做事，这样才能实行法治，并取得功效。

二是君主要有立法权。慎到认为，重"势"是为了重视法律。君主如果要实行法治，就必须重视权势，这样才能令行禁止。同时，君主只有掌握了权势，才能保证法律的执行。因此，立法权要集中于君主之手。

■ 战国时期宫廷里的三鸟簋

慎到把君主和权势分别比喻为飞龙和云雾，飞龙有了云雾才能飞得高，如果云雾散去，飞龙就是地上的蚯蚓了。

如果有了权势，即使像夏桀那样地昏庸残暴，命令也能执行，即"令则行，禁则止"。如果没有权势，即使像尧那样贤德，百姓也不听从命令。

三是变法图强。慎到认为，国家应该走向富强，法也必须不断变化以顺应时代，否则，法就会衰败，就会走向死亡。所以，作为君主的责任之一就是变法图强。

四是公平执法，反对人治。慎到提倡法治，做到公平执法，反对人治。主张立法要为公，反对立法为私。他认为法治比人治优越，甚至说不好的法律也比没有法律好。

慎到（约前395年—约前315年），先秦诸子之一。赵国人，早年曾"学黄老道德之术"，其学术倾向至今有争议。鉴于其道法结合的思想倾向，一般称之为道法家。他长期在齐国稷下讲学，是稷下学宫的学术领袖人物之一。

慎到把法看成是国家根本，是维系社会秩序、伦理道德的可靠保证。慎到提倡在法治的基础上依照事物的本性，顺其自然，法也必须遵循自然本性。

这表明慎到的思想是老庄道学与法家的合流。慎到的思想，实质上是当时以封建土地私有制为基础的新兴地主们私有观念的反映。他认为国君如能根据实际情况来立法，立法以后凡事靠法律来裁决，就能治理好国家。

慎到把国家职能规范化，体现和保证了统治阶级的利益，无疑是杰出的思想。慎到的法治思想有重要的理论价值。

总之，先秦法家三派各自强化了法的概念，宣扬了贵族和平民在法律上平等的思想，主张采取积极的态度变法图强。他们为此制定的严密而具有强制性的法律制度，是献给君主"富国强兵"的良策，成为君主治国的法宝，对推动社会进步发挥了一定的作用。

阅读链接

《战国策》中就记载有一个申不害"走后门"的故事。有一次，申不害凭借相国的身份，向韩昭公说情，为他的一个堂兄谋求官职。韩昭公不准，于是申不害面有怒色。

韩昭公就生气地说："我施行你的变法主张，是为了治理国家。现在是听从你的请求而败坏你的治国之术，还是施行你的治国之术而废去你的请求呢？我究竟该怎么办呢？"

申不害见势不妙，只得避席请罪，惭愧地说："您真是严守法令的人啊！"

秦汉至隋唐是我国历史上的中古时期。秦朝创立了封建专制主义中央集权的政治法律制度，结束了我国奴隶制的历史，开辟了我国封建法制新时期。

汉朝法制既用法家之法，又用道家思想，并辅以儒家思想为法制指导思想。从汉武帝之后，儒家思想成为正统思想，并辅以法家思想为指导，对此后历代王朝的立法影响很大。

后来的三国两晋南北朝和隋唐，无不逐渐使法制儒家化。这种刚柔相济的法制之道，体现了我国中古时期礼法并用的特点。

中古时期

礼法并用

秦朝完善的政治法律体系

公元前221年，秦始皇灭掉六国，结束了春秋战国以来诸侯长期割据的局面，建立了中国历史上第一个统一的中央集权的封建王朝。秦

始皇是封建专制主义中央集权的政治法律制度的创立者。他继承和发展了先秦法家的法律思想，在立法上，除了注重制律外，还注重做到以律为主，多种法律形式相互补充，以此来完善法律体系。

这一做法被后世大多数统治者所继承，从而形成我国古代立法的一大传统。秦朝的法制风格，在中国法制史上是独树一帜的。

■秦始皇画像

秦始皇是法家思想的崇拜者。法家思想中韩非的以法治为中心，以法、术、势相结合的思想，对秦始皇政权和法制活动影响极大，成为其法制建设的指导思想。

在这一思想指导下，秦朝统治者建立了一套完善的封建法律体系，维护其封建统治。

秦朝法律体系包括立法原则、法律形式、立法活动、诉讼制度、执法机构的建立等几个方面内容。

秦朝立法原则包括3个方面的含义：

■ 阿房宫前的秦始皇塑像

一是法令由一统。这有两层意思，其一是全国都要实行统一的法律令；其二是最高立法权属于皇帝。

二是事皆决于法。其实这本来是战国时新兴地主"以法治国"的主张。秦朝建立后，仍以此作为指导，加强立法，做到凡事"皆有法式"。

三是以刑杀为威。主要表现在两个方面，其一是法网严密，以致人们动辄触犯刑律；其二是严刑重罚。这是商鞅重刑思想的继续和发展。

秦朝的法律形式主要有这样几种：

一是律。这是当时最主要的法律形式。

二是令，即制和诏。当时的命、制、令、诏，从法律意义上说并无区别。律与令经常并列使用。

三是式。指的是关于案件的调查、勘验、审讯等的程序、文书程式以及对司法官吏审理案件的要求。

立法原则 是指立法主体据以进行立法活动的重要准绳，是立法指导思想在立法实践中的重要体现。反映立法主体在把立法指导思想与立法实践相结合的过程中特别注重什么，是执政者立法意识和立法制度的重要反映。

■《秦律》竹简

《秦律》 秦朝法律的总称。公元前356年商鞅变法时曾采用李悝的《法经》，并改法为律，颁行秦国。秦始皇统一中国后，将《秦律》修订，作为全国统一的法律颁行各地。秦二世即位后，又修订了秦朝的律令。律文涉及政治、经济、军事、文化、思想、生活等各个方面。

四是法律答问。这是对《秦律》的某些条文、术语和律义以问答的方式作了明确的解释。这对正确运用法律，更有效地贯彻立法意图，具有重要作用。此外还有程、课等法律形式。

秦朝立法包括刑事立法，民事立法，以及行政立法和经济立法等其他方面的立法。

在刑事立法方面，秦朝遵循定罪量刑的主要原则，制定了不同的刑罚种类及犯罪种类。

秦朝的定罪量刑原则包括：男6尺5寸，女6尺2寸为成年人，达到此身高者开始负刑事责任，否则不负刑事责任；区分有无犯罪意识；区分故意与过失；数罪并发的情况下，将数罪合并在一起处刑；两人或两人以上所实行的犯罪，处刑加重；自首者可以略为减轻罪刑；对故意捏造事实，向司法机关控告他人者，处以与所诬罪名相应的刑罚。

秦朝属于封建社会初级阶段，在很大程度上沿用奴隶社会以来的刑事法律制度，同时秦朝统治者又奉行法家的"重刑主义"，主张"以刑去刑"，因此秦朝刑罚种类繁多，手段残酷。

秦朝刑罚的种类包括死刑、肉刑、劳役，以及迁、赀、谇等刑罚。对于犯罪的种类，秦朝法律规定的有：

不敬皇帝罪。据秦律令，不仅对皇帝本人有失恭顺，而且对其命令有所怠慢，都视为对皇帝不敬。听命书时，要下席站立，表示恭敬，否则，罚钱并撤职，永不叙用。

诽谤与妖言罪。《集解》中有"秦禁民聚语"句，意思是禁止人民诽谤皇帝。

盗窃罪。以公开或秘密的方式把他人的财物据为己有的行为。

贼杀伤罪。秦简中有许多关于"贼杀""贼伤人"的规定，这种行为对社会治安构成严重威胁，因此对其镇压严酷，防范也特别严密。

盗徙封罪。偷偷移动田界标志。

以古非今罪。以过去的事例，指责现时的政策和制度。

妄言罪。发布反对或推翻秦朝统治的言论。

投书罪。投递匿名信。

乏徭罪。就是逃避徭役。

在民事立法方面，秦朝规定了财物所有权、契约、婚姻等。

秦朝规定了财物所有权。秦时所有权的内容就不动产而言，主要是土地房屋，即所谓田宅。动产除其他财

出土的秦朝律法竹简

■秦朝《效律》局部

《田律》 记载秦代关于农田耕作和山林保护的相关法律制度。田律，简文共六条。主要是有关管理农田生产的法律，其中也包括有关分配土地的内容。对于受灾农田要求迅速以书面报告灾情，并详细规定文书传递方式，显示秦国重农的一面。此外，律文中对于生态的保育颇为重视。

物外，还包括奴隶。人民要向政府据实登记所有田地，政府承认其土地所有权。这是秦王朝在全国范围内推行土地私有制的法令。这个法定的推行，促进了土地私有制的进一步发展。

秦朝债的法律关系主要有：买卖契约、借贷契约、雇佣契约及租借契约几种。对于借贷契约，秦律规定欠官府债务无力偿还时，可以劳役抵偿之。

秦时取消良民和贱民身份地位的限制，允许良贱通婚；禁止与他人逃亡之妻为婚；男人女家的赘婿地位低下，被人歧视。

在其他立法方面，秦统一全国后，创建了一整套适应专制主义中央集权需要的行政管理体制和管吏管理制度，以后历代王朝的有关制度，都是在此基础上不断发展完善的。比如，确立了皇帝制度。皇帝是封建国家的最高统治者，独揽全国政治、经济、军事、行政、立法、司法、监察等一切大权。

秦相当注意利用自然资源为其统治服务，这方面的法律有秦简《田律》。秦始皇采取各种措施发展农业生产，要求各级官吏掌握农业生产情况，并通过法律对具体措施加以规定。

为保证产品质量和数量，秦朝制定了《工律》《均工律》《工人程》等法律令。

为维护正常的贸易，秦朝制定了有关商品价格、货币比价、度量衡误差限度等法令。如《金布律》《关市律》等。

秦朝还建立了诉讼制度。秦朝诉讼形式根据诉讼人在案件中的地位，大致可分两种：一是官吏，如御史和其他官吏，他们纠举犯罪，提起诉讼；二是一般平民，主要是当事人。

秦朝诉讼程序有"公室告"和"非公室告"之分。杀伤他人或者盗窃他人的为公室告；子女盗窃父母，父母擅自杀死、残伤、髡剃子女及奴妾的为非公室告。对于公室告的案件，官府必须受理，对于非公事告的案件，官府不予受理。如果控告人坚持告诉，还要追究控告者的刑事责任。

秦朝司法机关对当事人的审理方法和步骤大致是听取当事人口供；根据口供中的矛盾之处和不清楚的地方提出诘问；对多次改变口供，不认罪服罪者，施加刑讯。

审讯后，做出判决，就是宣读判决书。宣读判决书后，当事人服罪，照判决执行。如称"冤"，可以请求再审。请

■ 秦朝《为吏之道》局部

法治天下

历代法制与公正严明

秦朝从中央到地方设置各级官吏，以保证法律得以有效实施。相是皇帝下的行政长官，辅佐皇帝总理百政。太尉是中央掌管军事的长官。御史大夫负责监察百官。

九卿包括奉常、郎中令、卫尉、太仆、廷尉、典客、宗正、治粟内史、少府，分别掌管祭祀、礼仪、军事、行政、司法、文化教育事务之官。

秦时地方建立郡县制，少数民族聚居区设道，县以下有乡、亭、里。郡县既是地方行政机关，又是地方司法机关。乡、亭也有一定司法管辖权。

为了使制定的法律能够得到行之有效的贯彻，秦法注重加强"吏治"，对各级官吏的爵制、禄秩、任免、调动、考核、奖惩等方面作了严格的规定。

■ 骊山上的秦始皇帝陵

■秦代官吏宣读判决书场景

　　秦朝法律涉及政治、经济、军事、文化、思想、生活等各个方面，使各行各业各个领域"皆有法式"。

　　秦朝法律的标志就是《秦律》。秦朝的法律吸收了三代以来法制文明成果，尤其是对于战国时代各诸侯国在法律建设方面各项有益的探索进行了系统的梳理、改造和取舍，起到一个承上启下的作用。它结束了我国奴隶制的历史，开辟了我国此后数千年封建法制新时期。

阅读链接

　　秦王嬴政是一个很有心智的君主，他在一统六国之前，就对商鞅的法治很是崇拜，唯法是从，他坚信，只有贯彻这种法治，才能振兴大秦，才能一统天下。

　　秦王嬴政没有其他诸侯君主的傲慢和自大，他处事冷静，勇于面对事实，并能虚心接受与自己相左但有道理、正确的提议。当时的嬴政算得上是一个好君王，是战国末期少有的以天下为己任的人。

汉朝立法思想走向儒家化

公元前206年，刘邦入咸阳以后，宣布废除秦朝的苛刑，与关中百姓"约法三章"，即"杀人者死，伤人及盗抵罪"。制定《九章律》。汉朝在继承秦朝政治法律制度基础之上又有所发展，注重体现儒家化的立法指导思想。

汉律从"无为而治"到"德主刑辅"，经历整个汉朝，以《九章律》为主体的汉律16篇，是两汉时期近400年间的立法成果。

汉朝的法制建设，进一步加强了君主专制中央集权的控制，也对后世的影响延续了近千年直至清末，在我国历史上具有巨大的影响。

■汉高祖刘邦画像

汉高祖刘邦在天下初定后，汲取秦朝灭亡的教训，注重休养生息，无为而治。他命萧何改革秦政，制定汉律。萧何在李悝《法经》6篇的基础上，取汉初有约法三章及秦法六律，又补充了《户律》《兴律》和《厩律》，合为九篇，成《九章律》，即一般所说的"汉律"。

■ 萧何画像

两汉以《九章律》为主要法律，此外的辅助性法律也以"律"命名。这类"律"包括叔孙通《傍章律》18篇，张汤《越宫律》27篇，赵禹《朝律》6篇，共60篇。

事实上，汉以后的历代法律也大多以"汉律"为蓝本，它被誉为律令之宗，"百代不易之道"。

随着汉初近30年的休养生息，社会经济迅速恢复，政治形势趋于稳定，犯罪现象大为减少。原来残酷野蛮的刑罚制度，越来越不适应社会发展的客观要求。为此，废除酷刑，改革刑制，已成为大势所趋。

公元前167年，汉文帝以缇萦上疏为起因，下诏修改现行刑制。这次改革从法律上废除了肉刑，具有重大意义，但也不尽理想，还存在一定的缺陷，有待进一步完善。

汉景帝时期，在汉文帝改革基础上，又进一步深

缇萦上书 汉文帝时，缇萦的父亲淳于意犯了王法，依律当刑。他最小的女儿缇萦上疏愿为奴婢以赎父罪，因为"死了的人不能再活过来，受刑的人不能再恢复原状，想改过自新，也没有办法了"。汉文帝读后甚为感动，由此开始了废除肉刑的刑制改革。

汉代骑马陶俑

化刑制改革。经过文景时期的刑制改革，汉朝的刑罚制度发生了较大变化。

汉朝劳役刑已确立固定刑期，据东汉卫宏《汉旧仪》所载：髡钳城旦舂为5年刑，完城舂为4年刑，鬼薪白粲为3年刑，司寇为2年刑，隶臣妾及罚作、复作为一年刑。

另外还有一些不定期的劳役刑，如输作左校、输作右校、输作若卢等，即将某些刑徒送付将作大匠或少府等官署所掌管的宗庙、陵园、宫室、道路、苑囿等工程建设中，从事某些劳役或杂役。

徙边本系秦制，汉朝相沿不改。当时，出于"以全人命，有益于边"的多重目的，将徙边作为减死一等的代用刑，把大批重犯连同家属，一道迁徙边地定居服役。

它既宽恕了死刑犯的生命，体现了朝廷的"仁慈恩赦"，又为边地的经济开发提供了大量劳动人手，节省了为边防建设运输军粮的费用，还可避免这些危险的重罪案犯对内地统治中心的潜在威胁，可谓一举多得。按照法律规定，凡徙边之人，未经朝廷许可，不准擅自离开边地返回。

汉朝赎刑沿袭秦制，除以钱、谷、缣等赎抵本刑外，还有罚俸入赎之法，以处罚某些犯法官吏。尤其当时还新创女徒顾山之制，又称雇山，即允许女劳役刑徒每月缴纳300钱，由官府雇人砍伐山林，从事劳作，以赎抵其应服刑役。故该制也属一种赎刑。

随着汉朝法律开始儒家化，为了维护和加强专制皇权与君主集权，汉律规定了一整套相应的罪名与刑罚。汉律规定的罪名，把专制皇权与君主集权的地位提升到迷信神化的高度。比如，矫制、矫诏罪，即假托或诈称皇帝诏旨发号施令或实施行动。

犯跸罪，皇帝出行所经之处，要清道开路，严禁外人通过，称跸，凡冲撞皇帝仪仗、车骑，或回避不及时者，即构成犯跸罪。实际上，对犯跸罪往往处刑极重。此外，还有不道罪，不敬、大不敬罪，僭越、逾制罪，诽谤罪等。

汉代人物塑像

刘爽 是西汉衡山王刘赐的长子、汉高祖刘邦的曾孙。刘爽因家庭中钩心斗角，刘赐正式上疏汉武帝，要求废除太子刘爽。刘爽听说后，派人到京城找汉武帝反告其父状。最后刘爽因为不孝顺父亲的罪名，被判决杀头。

汉朝对所有权的规定，主要包括土地等各种财产的所有权。就土地所有权而言，当时仍为国有与私有并存，都是受法律保护的，任何人不得随意侵犯。

汉朝社会经济迅速发展，买卖关系十分活跃，出现了订立契约之类的法律规定。汉朝法律对正当合法的买卖关系是予以保护的。

随着经济活动的日益频繁，汉朝的借贷关系也相当发达。根据汉律规定，凡贷钱于人，须按规定收取利息，并要缴纳一定税额；违法提高利率，或逃避纳税，或逾期不偿还借贷，都要受到法律制裁。

在家庭关系方面，汉朝法律确立了"父为子纲"的父权家长制原则。汉律规定，凡有对家长不孝言行，或触犯父权统治者，要处以弃市极刑；而殴打杀害家长，更属大逆重罪，一律严惩不贷；甚至告发父权家长罪状，亦要按不孝罪处死。如西汉衡山王刘赐太子刘爽，即因告发其父谋反，而以不孝罪弃市。

为了发展社会经济，汉朝政权颁布了一些保护农业生产的法令。如西汉政权一建立，汉高祖即颁布法令：士兵复员回家，流民各归本县，恢复原有田宅，按功劳赏赐土地。

因饥饿自卖为奴者，免为庶人，增加劳动人手。凡不执行此令者，从重论罪。汉朝还放宽土地限制，解除山林川泽之禁，允许民众垦殖；减轻田税负担；重视兴修水利；等等。

■汉景帝刘启画像

汉兵马俑军阵

　　汉朝的赋税，主要有土地税、人口税与资产税。土地税亦称田租或田税，汉初为十五税一；文帝时两次减半征收，后又免税13年；景帝时改征三十税一，遂为定制。

　　人口税为按人征收，凡7至14岁未成年人，每年20钱，武帝以后增为23钱，称口赋或口钱；15至56岁成年人，每年一算，征收120钱，称算赋。资产税亦称赀算，按财产每万钱征收一算即120钱。

　　课役义务分为兵役与徭役两种。汉初规定：男子年满17岁登记役籍，称傅籍，表示成丁；开始服役，称正卒。景帝二年改为12岁傅籍，昭帝以后又改为23岁傅籍。

　　正卒中身强力壮者服兵役，一年在本郡当郡兵，一年当戍卒戍边，或作卫士戍守京师。其余服徭役，每人每年一个月，称更役；服役者称更卒。凡亲身服役叫作践更，出钱代役叫作过更。代役钱每月折300钱，后来成为一项固定税收，称更赋。

　　西汉初年，实行盐铁私营政策，政府仅征收其税利。汉文帝放宽山泽之禁，减免盐铁税收，出现一大批经营盐铁暴富的私营者。

■ 汉武帝刘彻画像

五铢钱 公元前118年，在中原开始发行五铢钱，从此开启了汉五铢钱的先河。它是我国钱币史上使用时间最长的货币，也是用重量作为货币单位的钱币，在我国3000年的货币发展史上起到了一定的影响，奠定了我国圆形方孔的传统。

汉武帝以后，改为盐铁官营，在全国分别设立盐官35处、铁官48处，统一经营盐铁产销。自汉和帝时起，又恢复了盐铁私营的放任政策，仅以征税为国家调节的法律手段。

西汉初年，国家控制货币铸造权，曾制定《钱律》及《盗铸钱令》等法规，禁止民间私自盗铸钱币。由于高祖时所铸荚钱质量低劣，吕后时改行八铢钱又耗铜太多，故汉文帝时改铸四铢钱，废除《钱律》及《盗铸钱令》，允许民间私铸。

此禁一开，不仅铸钱者日益增多，甚至有些农民也弃农采矿铸钱，而且所铸铜币大量掺假，质量极差。尽管当时法律有严厉规定，但仍无法改变货币混乱的现象。故汉景帝时再度颁定《铸钱伪黄金弃市律》，将铸币权收归国家控制。

公元前113年，汉朝将地方郡国铸币权收归中央，专由水衡都尉属官上林苑的均输、钟官、辨铜三令铸造五铢钱。从此，确立了统一的五铢钱制度。

为了抑制富商大贾获取暴利，解决国家财政问题，汉武帝以后，推行了均输、平准法，以调节各地货物的交易流通，平抑市场物价。

均输法是由大农在各郡国设置均输官，将当地应输送京师的土特产品，转运异地出售，再收购其他物品辗转交换，最后把京师所需物品直接运抵关中。

平准法是在京师设置平准官，接收各地的均输货物，按市场物价涨落情况，贱买贵卖，以调剂供需，稳定物价。均输、平准法的推行，避免了各地货物供非所需的不合理现象，降低了运输费用，也克服了商人囤积居奇、哄抬物价等现象。

汉朝司法机关基本沿袭秦制，仍为中央与地方两套系统。中央设廷尉，系最高常设司法机关。最高长官廷尉之下，设正、左右监等官。

汉宣帝时，增置左右平。东汉省右监、右平，只设左监、左平，但廷尉府吏员增置140人，其组织机构有所扩大。

在沿袭并完善皇帝制度与三公九卿制的基础上，汉朝又建立起一套由"中朝"发展而成的尚书台阁制度。这标志着以丞相为首的号称三公的政府首脑已成为名义上的虚设职位，其权力基本转移到皇帝控制的尚书台。三公要想参与决策，反而需要由皇帝任命一个"录尚书事"之类的名号。

在地方政权机构方面，汉朝实行郡县制与分封制并存的体制。并制定了一系列有利于执法的措施。

汉朝的诉讼与审判制度也比较完备。诉讼审判程序包括起诉、审判与复核、上诉与上报、录囚等。《春秋》决狱法律化与秋冬行刑制度化，是汉朝司法制度开始儒家化的重要表现和标志。

盐铁官营 汉武帝实行的财经政策。民私自煮盐和铸铁要受到刑罚。这一政策虽然在增加国家财政收入，抑制商人势力，改进与推广先进技术方面起了积极作用，但亦不免带有封建官营事业共有的弊病。

■汉宣帝刘询

■董仲舒画像

《春秋》决狱是汉朝判案断狱的一种原则、方法和制度。它是直接引用《春秋》为代表的儒家经典的经义内容，作为审判案件的法律依据。

汉朝重大案件的审理判决与刑罚执行，有严格的时间限制。凡死刑一般在立秋至冬至这段时间内执行，故称秋冬行刑。

这一制度的理论依据，是董仲舒所主张的阴阳五行学说和天人感应理论。他认为，春夏是万物生长复苏季节，应养生养德，不宜违背天时而杀生；秋冬系万物凋零季节，决死行刑符合天道。

这种带有浓厚宗教迷信色彩的行刑制度，合乎《春秋》经义的基本精神，是儒学思想宗教神学化的产物，因而是汉朝司法制度开始儒家化的又一典型标志。

法治天下

历代法制与公正严明

阅读链接

张释之亲自审讯惊了皇帝车驾的人。这个人辩解说，他听到了清道禁止人通行的命令后躲在桥下。过了好久，以为皇帝的队伍已经过去了，就从桥下出来，一下子看见了皇帝的车队，马上就跑了起来。

张释之在弄清来龙去脉后去见汉文帝，他说："廷尉是天下公正执法的带头人，稍一偏失，而天下执法都会任意或轻或重，老百姓岂不会手足无措？愿陛下明察。"

汉文帝听了张释之的话，最终理智还是战胜了情感，同意从轻发落。

三国两晋南北朝礼法合流

　　三国两晋南北朝上承秦汉，下启隋唐，立法指导思想有很大变化，立法活动频繁。就法律内容而言，这一时期的法律以"礼法合流"为主要特点。三国两晋南北朝是礼法结合的新阶段。三国时，曹操、诸葛亮就是以"重法"而著称的。

　　"礼法合流"确定了一系列反映儒家伦理精神的法律原则和制度，从而基本完成了我国传统法律儒家化的进程，为中华法系在隋唐时期的发展与最终成熟奠定了基础。

■诸葛亮画像

■ 诸葛亮（181年—234年），字孔明，号卧龙。生于三国时期的琅琊阳都，即今山东省临沂市沂南县。三国时期蜀汉丞相，杰出的政治家和军事家。在世被封为武乡侯，死后追谥"忠武侯"。诸葛亮在后世受到极大尊崇，成为智慧的化身。

三国两晋南北朝时期的法制指导思想，总的发展趋势是沿着汉朝确立的"德主刑辅"思想继续推进法律的儒家化，进一步引礼入律。

三国时期，立法指导思想继续儒家化。如曹操主张兼采法家与儒家治国策略而礼刑并用，根据社会形势的治乱变化而有所侧重。

两晋时期，由于门阀士族统治的发展，儒家"礼有等差"的思想更适合当时的政治需要，这种思想积极地引礼入律，促进了法律的进一步儒家化。

南北朝时期，南朝法律思想一遵西晋，宣扬礼教，建树不大；北朝虽多为少数民族建国，但入主中原后，很快接受儒家思想，深受汉晋法律文化的影响，很快确立了以德礼为主的法制指导思想，法制建设取得了较大成就。

以儒家思想为指导的立法活动，在三国两晋南北朝时期比较频繁，其中的几部重要法典，标志着这一时期立法活动的丰硕成果。

三国初期的立法活动，沿用汉制，承袭汉律阶段。当时社会形势不稳定，各国不具备制定新法的条件。又都各自看似名正言顺：刘备坚持正统，曹操"挟天子以令诸侯"，相比之下，孙吴政权的法律多承于汉制，少有建树。

蜀汉以汉室宗亲自居，国号"汉"表示了本政权的正统地位。因此，蜀汉的法律只能在沿用汉律的基础上，进行小幅的修正和增删。

蜀汉的立法者主要是诸葛亮。在他执政时期，创制了不少军令、科条。蜀汉最重大的立法活动，当属造《蜀科》。它是蜀汉的基本法典。《蜀科》也叫《汉科》，其内容涉及刑事、民事、诉讼法律制度三个方面。

《蜀科》的刑事法律制度包括刑名和犯罪种类两个部分。刑名有夷三族、弃市、斩、连坐、杖刑和鞭刑、废刑和徒刑、下狱幽闭，以及降职、免官等；犯罪种类有危害政权及皇权的犯罪、官吏渎职罪、侵陵大臣罪、军事不利罪等。

《蜀科》的民事法律制度包括经济立法和其他规定。蜀汉法律中最能体现对益州土著豪强限制的，当

门阀 是门第和阀阅的合称，指世代为官的名门望族，又称门第、衣冠、世族、士族、势族、世家、巨室等。门阀成为制度，其实际影响造成个人的出身背景对于其仕途的影响要远远大于其本身的才能特长。后被科举制度所取代。

■ 曹操雕像

属其经济立法。蜀汉政权铸大钱、盐铁专卖等立法与措施，都直接打击了益州豪强。其他规定包括禁酒和禁以异姓为后等。

《蜀科》的诉讼法律制度包括司法机关的设置、刑讯制度和"惜赦"思想。在蜀汉，丞相是最高行政长官。重大案件的审理，都须经过丞相审核。蜀汉设大理，主掌审判。还有司隶校尉，负责首都治安及对官员的监察工作；督军从事，职典刑狱，论法决疑；军正，是军中执法的官吏。

■ 孙权塑像

除以上所述而外，地方守、令也须负责一地治安、执法。蜀汉刑讯制度比较严酷，至于"惜赦"思想，终诸葛亮执政之世，总共下过两次大赦，都是在皇帝即位时施行的。诸葛亮死后蒋琬、费祎破坏了这一思想，几乎年年大赦，遭到了孟光等人的批评。

此外，蜀汉还有国际条约。蜀汉的"国际条约"，主要指229年与东吴签订的"汉吴同盟"。

盟约中说：

陈群 字长文，颍川许昌，今河南许昌东人。三国时期著名政治家，曹魏重臣，魏晋南北朝选官制度"九品中正制"和曹魏律法《魏律》的主要创始人。群颍阴侯，增邑五百。谥"靖侯"。

> 若有害汉，则吴伐之；若有害吴，则汉伐之。各守分土，无相侵犯。

其中，其实已经明确订立了双方交往的一些原则。而事实上，直到蜀汉灭亡，双方基本都是遵守盟约的。三国时期比较有代表性的立法成就是《曹魏律》，又名《新律》《魏律》。

在当时，魏明帝曹叡即位后，三国势均力敌，曹魏内部统治相对稳定，经济文化事业有所发展，制定新的法律的任务提到了日程。

这一阶段进行的刑制改革，有《新律》18篇，《州郡令》45篇，《尚书官令》《军中令》等总计180余篇，分别作为刑事、民事、军事、行政等各方面律令法规。其中，《新律》18篇最为重要，系曹魏时期国家的基本律典，故称《魏律》。

《魏律》是魏国的一部主要法典，由陈群、刘劭等人于229年增删汉律而成。《魏律》是在汉《九章律》的基础上，改《兴律》为擅《兴律》，删除《厩律》，改《具律》为刑名并列于全律之首，增加了《劫掠》《诈伪》《告劾》《毁亡》《系讯》《断狱》《请赇》《惊事》《偿赃》和《免坐》10篇。

刘劭（168年—240年），字孔才，魏朝广平邯郸，今河北省邯郸市人。学问详博，通览群书，曾经执经讲学。编有类书《皇览》，参与制定《新律》。著有《乐论》《许都赋》《洛都赋》等，著作多已亡佚。

055
中古时期
礼法并用

■ 蒋琬 零陵湘乡人。三国时期著名的政治家。初随刘备入蜀，诸葛亮卒后封大将军，录尚书事，封安阳亭侯，旋受命开府，加大司马，辅佐刘禅，总揽蜀汉军朝，统兵御魏。采取闭关息民政策，国力大增。

蒋琬

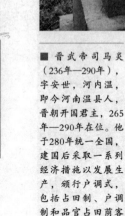

■ 晋武帝司马炎（236年—290年），字安世，河内温，即今河南温县人，晋朝开国君主，265年—290年在位。他于280年统一全国，建国后采取一系列经济措施以发展生产，颁行户调式，包括占田制、户调制和品官占田荫客制。全国出现一片繁荣景象，史称"太康之治"。

《魏律》对两汉相沿的旧律进行了一次大改革，主要表现在这几项：增加了篇条，基本上解决了篇少导致的漏罪。

改《具律》为刑名，冠于律首，改变了汉律篇章体例不够合理的状况；吸收律外的傍章科条，调整、归纳了各篇的内容，使得内容简约，而且体例通顺。

在律中正式规定了维护皇室贵族官僚特权的"八议"条款，这一项规定表明了封建等级原则的进一步法典化。

在刑罚制度方面进行了一些改革，法定刑有死刑、髡刑、完刑、作刑、赎刑、罚金、杂抵罪，并减轻某些刑罚，如废除投书弃市，限制从坐的范围，禁止诬告和私自复仇，等等。

西晋立法主要是制定了《晋律》。《晋律》以宽简著称，是我国古代立法史上由繁入简的里程碑。《晋律》还是三国两晋南北朝时期唯一通行于全国的法律，并被东晋和南朝的刘宋、南齐、南梁、南陈等所沿用，是使用时间最长久的一部法典。

《晋律》是晋武帝司马炎在267年完成并于次年颁布实施的，但在他的父亲司马昭辅佐魏政期间就开始了。当时司马昭命羊祜、杜预等人参考汉律、《魏律》开始编纂，到司马炎建立西晋后不久完成。

《晋律》因颁行于泰始年间，故又称《泰始律》。张斐、杜预为《晋律》作注解，经晋武帝批准诏颁天下，注与律文具有同等法律效力，因此该律又名《张杜律》。

《晋律》篇目从18至20篇，体例的设置、条文的安排更为合理，用词也更确切。《晋律》将《魏律》的《刑名》篇分成了《刑名》和《法例》，放在首要位置，完善了《魏律》的刑法总则部分。

《晋律》适应了士族地主和官僚地主的需要，规定了一系列保护他们特权的法律，如专门规定"杂抵罪"的刑罚，即以夺爵、除名、免官来抵罪。

■魏国兵马

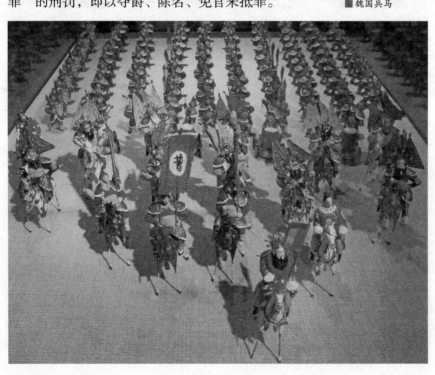

■魏国人物画像砖

服丧 服丧是指在一定时期内戴孝，通过穿孝服、佩黑纱或戴白花等形式对死去的长辈或平辈亲属表示哀悼。我国古代服丧制度的规格、时间等是按照严格的亲疏远近来制定的，从重到轻，依次分为斩衰、齐衰、大功、小功、缌麻五种，此谓"五服"。

《晋律》第一次将"五服制"引入法典之中，作为判断是否构成犯罪及衡量罪行轻重的标准，这就是"准五服以制罪"原则。它不仅适用于亲属间相互侵犯、伤害的情形，也用于确定赡养、继承等民事权利义务关系。

"五服"制度是我国礼治中为死去的亲属服丧的制度。它规定，血缘关系亲疏不同的亲属间，服丧的服制不同，据此把亲属分为五等，由亲至疏依次是斩衰、齐衰、大功、小功、缌麻。

"准五服以制罪"在刑法方面的适用原则是亲属相犯，以卑犯尊者，处罚重于常人，关系越亲，处罚越重；若以尊犯卑，则处罚轻于常人，关系越亲，处罚越轻。亲属相奸，处罚重于常人，关系越亲，处罚越重；亲属相盗，处罚轻于常人，关系越亲，处罚越轻。在民事方面，如财产转让时有犯，则关系越亲，处罚越轻。

《晋律》是我国历史上第一部儒家化的法典，在我国法律发展史上有着很重要的地位，南北朝乃至隋唐的法律无不打上它的烙印。

"准五服以制罪"原则的确立，使得儒家的礼仪制度与法律的适用完全结合在一起，是自汉代开"礼律融合"之先河以来封建法律儒家化的又一次重大发展，它不仅体现了晋律"礼律并重"的特点，也是我国封建法律伦理法特征的集中表现。

自西晋定律直至明清，"准五服以制罪"一直是封建法律的重要组成部分，并在实践中不断地充实与完善。南北朝时期，南朝的各政权基本沿用《晋律》。相对来说，北朝的法律建树远远胜过南朝的立法。《北魏律》和《北齐律》是北朝时期的重要法典。

《北魏律》制定者崔宏、崔浩、高允、刘芳等皆为中原士族。他们根据汉律，参酌魏、晋法律，经过多次编纂，最后在北魏孝文帝时，由律学博士常景等撰成，共20篇。以后虽续有纂修，但变化不大。

其内容在刑法原则方面有八

常景 字永昌，河内温县，即今河南温县人。北朝魏法学家，律学博士出身。曹魏以来之律学博士多为刑名家。参与制定了当时北魏重要法典《北魏律》。

■西晋越窑青瓷

■ 南北朝时期的官员形象陶俑

议、官当、老小残废减罪或免罪、公罪与私罪、再犯加重等；在刑名方面有死刑、流刑、徒刑、鞭刑、杖刑等；在罪名方面有大不敬、不道、不孝、诬罔、杀人、盗窃、隐匿户口，以及官吏贪赃枉法等。

《北魏律》中还第一次出现了"官当"制度。"官当"是封建社会允许官吏以官职爵位折抵徒罪的特权制度。《北魏律》中的"田令"，是以封建国家的名义对土地实行分配和调整，推行均田制度法令。

此令在当时对限制豪强地主兼并土地以及争取劳动人手、开垦荒地、提高农业生产力，都起到一定作用，对后世影响较大。

《北魏律》特点是"纳礼入律"，强调用礼来指导立法活动，要求以法以礼治理国家。它成为唐宋法典的渊源，在我国封建立法史上占有重要的地位。

《北齐律》是北齐代替东魏后，北齐武成帝高湛命人编撰而成，制定者熊安生、邢邵、马敬德、崔昂等皆为儒家。

《北齐律》创新并确立了"重罪十条"，这是后来"十恶"的起源。《北齐律》以"科条简要"而著称，将《晋律》中的《刑名》和《法例》合并为《名例》，放在律典第一篇，篇目由20精简为12篇，这也被后来的隋唐所继承。

在三国两晋南北朝各代立法活动中，《北齐律》水平最高，所取得的立法成就也最大，堪称以前历代立法技术与立法经验的结晶。在我国古代法律编纂史上，它对后世立法影响极大。

隋朝《开皇律》即以《北齐律》为蓝本，唐律又以《开皇律》为依据，而唐律又成为宋元明清各朝的立法基础，并直接影响到周边

■北齐青铜砚

亚洲其他国家法律制度的发展。总之，三国两晋南北朝时期的立法指导思想进一步儒家化，立法活动频繁。

各封建政权极为重视立法，在继承秦汉法律传统文化的同时，积极进行改革和创新，推动了法律儒家化的进一步发展，法律形式规范，法典体制科学合理，法令明审简要，为隋唐法制的成熟和完备奠定了基础。

阅读链接

曹操曾经颁布租调令，以发展经济，壮大国力，但遭到了霸占大量土地的豪强地主们的不满，其中就有曹操的堂弟曹洪在长社县的亲信张冲等七家。

曹操听后，狠狠地批评了曹洪："国家的法令必须人人遵守。身为国家重臣，更不能纵容自己的亲信知法犯法。你是我的堂弟，更应该带头执行法令。念你跟随我多年征战，立下汗马功劳的份上，也就不再追究了。希望你接受此次教训，以后不要再犯枉法之错。"

最后曹洪心服口服。

隋朝法律儒家化日渐深化

581年，隋文帝杨坚受禅于北周静帝建立隋朝，隋朝是我国历史之中，上承南北朝、下启唐朝的一个重要的朝代。

隋朝接受汉朝以来的"德主刑辅"原则作为立法、司法的指导思想，法律儒家化日渐深化。儒家学说作为法律制定和执行的指导思想，渗透在立法、执法活动之中；同时，凝聚儒学精神的各项制度逐渐定型。

隋朝立法活动中产生的《开皇律》，代表了当时隋朝立法的最高成就，为我国封建法律的定型化做出了重要贡献，成为了后世的典范。

■隋朝开国皇帝隋文帝杨坚画像

581年，隋文帝杨坚建立隋朝，完成了统一。随后，他命高颎等人参考北齐、北周旧律，制定法律。583年又让苏威等人加以修订，完成了《开皇律》。

在制定和完善《开皇律》的过程中，隋文帝提出了许多富有建设性的意见和建议。他建议，北齐、北周旧律的死刑当中，已有绞、斩，完全没必要另外再设"枭首""轘身"等极端惨烈之刑。他还建议将流役6年刑改为5年，徒5年刑改为3年。

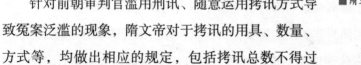

■ 隋文帝杨坚雕像

针对前朝审判官滥用刑讯、随意运用拷讯方式导致冤案泛滥的现象，隋文帝对于拷讯的用具、数量、方式等，均做出相应的规定，包括拷讯总数不得过200、杖讯过程中不得更换行杖人等。

隋文帝的指示在《开皇律》得到了体现，刑罚不再像南北朝时那么残酷，已经明显地儒家化了。但其中的严刑止奸导致一些被诱惑犯罪、被诬陷的案件发生，而且还导致轻罪重罚现象。

针对这些，后来的隋炀帝采取了一些重德治、宽刑罚的措施。总地来说，封建王朝的法都是在维护自身统治利益的前提下建立的。

《开皇律》共计12篇，500条。其篇目和内容是《名例律》是制罪名和量刑的通例；《卫禁律》是关

高颎（541年—607年），一名敏，字昭玄。渤海蓚，今河北景县人。隋朝杰出的政治家，著名的战略家、谋臣，隋朝名相。曾奉命与郑译、杨素等修订刑律，对旧律作了一定程度的改进，后来制定新律，奏请颁行。在隋朝立法活动中贡献不小。

于保护皇帝和国家安全方面内容；《户婚律》是关于户籍、赋税、家庭和婚姻的法律；《厩库律》是养护公、私牲畜的规定；《擅兴律》是保护皇帝对军队的绝对控制权的法律；《贼盗律》是指包括十恶在内的犯罪以及杀人罪的法律；《斗讼律》包含了斗殴和诉讼的律条；《诈伪律》是对欺诈和伪造的律条；《杂律》归类了不适合其他篇目的内容；《捕亡律》是有关追捕逃犯、逃兵等方面的内容；《断狱律》是审讯、判决、执行和监狱方面的内容。

《开皇律》体例主要仿照《北齐律》，但按照当时的需要，对涉及实体法部分的篇目重新排序：

一是修改了《北齐律》的部分篇名，将《禁卫律》改为《卫禁律》，《婚户律》改为《户婚律》，《违制律》改为《职制律》，《厩牧律》改为《厩库律》，从而突出了法律调整和保护的对象。

二是删降《毁损律》，把《捕断律》分为《捕亡》和《断狱》二篇，并置于律典的最后部分，使程序法与实体法有所区别。

三是按照封建统治的需要，对涉及实体法部分的篇目重新排序。

我国古代刑法典的篇目体例，经过从简到繁、从繁到简的发展过

隋炀帝铜雕壁画

出土的隋朝陶俑

程。经过对《北齐律》的修改，《开皇律》设计出12篇，标志着这一
过程的完成，显示了我国古代立法技术的进步和成熟。这种12篇的体
例，后来被唐律所沿用。

　　《开皇律》的刑罚制度在我国整个刑罚制度发展史上可谓简明宽
平。主要表现在以下几点：

　　第一，与《北齐律》相比，《开皇律》删去死罪81条，流罪154
条，徒、杖罪1000余条。比《北齐律》的条数又减少近一半。

　　第二，《开皇律》的死刑种类只留斩、绞两种，废除了至北齐后
期仍然存在的车裂、枭首等惨无人道的死刑种类。

　　第三，《开皇律》进一步废除了前代的酷刑如宫刑、鞭刑等，改
以笞、杖、徒、流、死五刑为基本的刑罚手段。

　　第四，《开皇律》在继承北朝刑罚体系的基础上，对流刑的距
离、徒刑的年限及附加刑的数额均作了减轻的规定。

　　第五，《开皇律》中首次正式确立了轻重有序、规范而完备的封

法治天下

历代法制与公正严明

建制五刑体系，即死刑、流刑、徒刑、杖刑、笞刑。

可见《开皇律》对百姓的压迫，比前代有所减轻。这种刑罚体系与残酷的奴隶制五刑相比是一种历史性的进步，顺应了我国古代刑罚从野蛮走向文明的发展趋势。封建制五刑一直为后世历代封建王朝所继承，成为封建法典中的一项基本制度。

《开皇律》改《北齐律》"重罪十条"为"十恶之条"，使之成为镇压被剥削者的法律依据。

"十恶"是指谋反、谋大逆、谋叛、恶逆、不道、大不敬、不孝、不睦、不义、内乱十种最严重的犯罪行为。它们直接危害封建皇权、违犯封建礼教，被视为是封建法律首要打击的对象。

《开皇律》将反逆、大逆、叛、降改为谋反、谋大逆、谋叛，强调将此类犯罪扼杀于谋划阶段；又增加了"不睦"一罪，使十种罪名定型化，并正式以"十恶"概称。

自从《开皇律》创设"十恶"制度以后，历代封

■ 出土的隋朝歌舞俑

建王朝均予以承袭，将其作为封
建法典中的一项重要的核心内
容，成为有效维护封建统治的有
力武器。

　　"十恶"制度从隋初确
清末修订《大清新刑律》时正式
废除，在我国历史上存在了1300
余年，对我国封建社会的长期延
续起了不可低估的作用。

　　《开皇律》还通过"议、
减、赎、当"制度，为有罪的贵族、官僚提供了一系列的法律特权。

　　"议"是指"八议"，即对亲、故、贤、能、功、贵、勤、宾八
种人犯罪，必须按特别审判程序认定，并依法减免处罚。

　　"减"是对"八议"人员和七品以上官员犯罪，比照常人减一等
处罚。

　　"赎"是指九品以上官员犯罪，允许以铜赎罪，每等刑罚有固定
的赎铜数额。

　　"当"是"官当"，官员犯罪至徒刑、流刑者，可以"以官当
徒"或"以官当流"，就是以官品折抵徒、流刑罚。

　　《开皇律》的"议、减、赎、当"制度，是融汇了魏、晋的"八
议"、南北朝的"官当""听赎"制度，再加上自己所创设的"例
减"之制而成的。这些规定赋予贵族、官员更广泛的法律特权，使之
得以系统而稳定的司法保障；同时也使贵族、官员享有的法律特权固
定化、法律化。制定了法律就要确保执行，所以隋朝同样建立了相应
的司法制度。

　　隋朝中央司法机构以大理寺为最高审判机关，御史台主监察之

职，都官省为最高司法行政机关。一般由专司监察职责和法律监督职责的御史对于违法犯罪的各级官吏进行纠举。

地方司法机构仍由州、县行政机关兼理司法审判，同时设立一些司法佐吏，名称与户曹参军、法曹参军等。在实施监察、纠举的监察官之外，地方行政长官对于管辖范围内的所有官民犯罪行为，承担监管和提起诉讼的责任。

地方各类诉讼案件，当事人可以直接向官府提起诉讼。首先向州、县基层司法机构提起。在地方机构不受理的情况下，可逐级向上级机构提起，直到京城向中央司法机构和向皇帝提起。

各级司法机关在受理诉讼案件时，实施拷讯的方式，但有严格的规定。

隋朝规定了严格的死刑判决审核程序。死刑案件，人命关天，必须实施最严格的判决审核程序。死刑案件判决后，须报中央司法机关大理寺复核，并最终由皇帝亲自批准后方可执行。

592年，隋文帝发布诏令，所有死刑案件均报请大理寺复核，并由都官省上奏皇帝批准。595年，又进一步严格程序，对于死刑案件的执行，必须上奏皇帝3次方可为之。

为了使法律得以有效贯彻和实施，隋文帝整顿吏治，任用了一批执掌司法审判和监察的官吏，要求他们在审断案件以法律规定

柳彧 字幼文，隋河东解，今山西运城人。柳彧以正直闻于朝。曾将自己所知刺史的一些不法行为奏报隋文帝，隋文帝对此非常赞赏，并据其奏议处理了一些不法刺史，从而对当时的吏治产生了积极的影响。

■隋代白瓷武士俑

为依据。

这些严格执法的官吏，秉公办事，甚至能够针对皇帝的错误意见据理力争，如赵绰、柳彧等。

对那些官吏玩忽职守、越规违法甚至收受贿赂的执法人员，隋文帝采纳法家"重刑治吏、严刑止奸"原则，派人专门暗访、巡察，一旦发现官吏收受贿赂，不论情节如何、数量多少，一律处斩刑。

隋朝骑马武士俑

为了打击包括强盗、抢劫等财产犯罪，隋文帝鼓励民众告发财产犯罪，并规定对于告发之人，将赏给所没收的罪犯家庭财产。隋文帝为隋唐时期封建法律的成熟化做出了贡献。

唐朝空前完备的法律体系

　　唐朝建立了一套独特而完备的封建法律体系，包括立法指导思想，立法体系和司法体系。唐朝法制指导思想重德重礼，以政教之本，刑罚为辅，立法技术空前完善，司法方面也有长足进展。

　　唐朝空前完备的法律体系对唐朝的繁荣发展具有重大意义，也对亚洲许多国家产生过显著的影响。

　　李世民是我国历史上开明的皇帝，他以隋代统治者骄奢淫逸、残酷无道，终于在农民起义军的打击下，迅速亡国的教训为鉴，由长孙无忌、房玄龄、杜如晦、魏征等重臣辅佐，励精图治，推行了一整套比较开明的政策，出现了贞观盛世的繁荣局面。

■唐太宗李世民画像

君臣议政塑像

  唐初统治集团深知人心向背的重要，提出了"安人宁国"的治国方针。以唐太宗为首的封建统治集团正是在这一方针指引下，确立了唐朝"德礼为本，刑罚为用"的立法指导思想。

  唐朝承用隋朝的法律形式，主要有律、令、格、式四种：律是关于定罪量刑的法典；令是关于国家政治及社会生活各方面制度的法典；格乃经整理的皇帝的制敕，具有法规汇编性质；式是国家机关经常和广泛使用的办事细则和公文程式。

  对律、令、格、式的关系，综上可见，令、格、式是从积极方面规定国家机关和官民人等应当遵行的制度、准则和规范，律则是从消极方面规定违反令、格、式以及其他一切犯罪的刑罚制裁。四者明确区分，协调应用，这是初唐立法技术的高度成就，也是力求审慎处理刑狱和法制划一的显著反映。

  唐朝的立法活动前期以修律为主，后期主要是编敕与制颁刑律统类。先后制定了《武德律》《贞观律》《唐律疏议》《大中刑律统类》《开元律》及《开元律疏》，还有《大中刑律统类》。它们被统称为"唐律"。

法治天下

历代法制与公正严明

■ 长孙无忌（约597年—659年），字辅机。先世乃鲜卑族拓跋氏，北魏皇族支系，后改为长孙氏。河南省洛阳人。李治即位后，欲立武昭仪为皇后，无忌屡言不可，高宗偏听许敬宗诬陷，逐去其舅父长孙无忌的官爵，流放黔州，后令自缢。

《武德律》由唐初光禄大夫、侍中刘文静等在隋开皇律令的基础上进行增删，制定53条新格，并于624年颁行。共12篇，500条。

《贞观律》是长孙无忌和房玄龄以隋朝《开皇律》为基础，对《武德律》作了较大修改，主要有：增设加役流作为死罪的减刑；区分两类反逆罪，缩小缘坐处死的范围；确定了五刑、十恶、八议、请、减、赎，以及类推、断罪失出入、死刑三复奏、五复奏等断罪量刑的主要原则。

《唐律疏议》又称《永徽律》《律疏》。唐高宗永徽年间由长孙无忌等修。当时为了在全国统一标准，长孙无忌等奉命对《唐律疏议》的律条和律注逐条逐句进行解说，并对司法中可能发生疑难的问题，自设问答，最后完成30卷，计12篇502条，经唐高宗批准颁行。

《开元律》及《开元律疏》为734年唐玄宗命李林甫等刊定，《开元律》12卷，《开元律疏》30卷，令、格、式等也有所刊定。

《大中刑律统类》是唐宣宗时由张戣编成。张戣

刘文静（568年—619年），字肇仁。彭城，今江苏省徐州人。唐初大臣。是李渊太原起兵的三个元功谋臣之一。唐国立后，任纳言，助修律令，并助李世民击灭薛仁果，任民部尚书、陕东道行台左仆射，封鲁国公。

将刑律分类为门，附以有关的格、敕、令、式，编成《大中刑律统类》12卷奏上，唐宣宗诏令刑部颁行。此法在法典编纂上是一种新的形式，对于五代和宋朝的立法技术有重大影响。

唐律内容涉及刑事、民事、经济方面的内容。在刑事方面，主要罪名有危及封建国家政权、有损皇帝尊严罪，如谋反、谋大逆、谋叛、大不敬、造妖书妖言等罪，有悖逆封建家庭伦常罪，如不孝、不睦、不义等，有官吏失职、渎职、擅权、贪赃等犯罪，如擅离职守、泄漏机密、以权谋私、枉法贪赃等。此外还有触犯封建国家安全和经济利益罪，危害公众、妨碍城市和市场管理罪，侵犯人身罪，侵夺财产罪等。

唐朝刑罚制度主要是五刑，即笞刑、杖刑、徒刑、流刑、死刑，等共20。除"十恶"等一些严重的犯罪外，在许多情况下，可以用铜来赎五刑。

在民事方面，唐律涉及所有权、契约关系、家庭与婚姻及继承方面的内容。唐律在私有土地面积的限制，遗失物、埋藏物的归属，山林、矿产的所有权等方面作了相关规定。唐律对民间契约如买卖契约、借贷契约和租赁契约等关系，以守信为原则作了规定。

唐律在家庭与婚姻的律令比

■中国唐代丧葬人俑

■ 唐代长安城西市模型

法治天下

历代法制与公正严明

互市 是我国历史上中央王朝与外国或异族之间贸易的通称。汉初曾同南越和匈奴通商。随着西域道路的逐渐通畅，得到不断发展。海上贸易也开始出现。隋唐以后，各王朝都设有专门的管理机构。宋、明时期同边疆各族进行的茶马互市也很频繁。

较详细。唐律确保尊长对卑幼的权威，确保妻"伏"于夫。唐律令在婚姻的成立与解除方面的规定也体现了这一原则。

在经济方面，唐律对专卖及对外贸易作了相关规定。专卖法主要是关于盐、茶、酒的各项规定。对外贸易制定了互市和市舶制度。

唐朝的司法制度同样也很完备，并具有自己的特色。唐朝司法机关分为中央和地方两套系统，是自商鞅变法之后下来的传统。

在这两套司法体系中，中央司法系统居于主导地位，皇帝集司法、行政、监察、军事大权于一身；地方司法机关有一定的自治权，但很有限。这充分体现了唐朝进一步发展的专制主义中央集权制。

唐朝制定了官吏监察制度。隋初依汉魏之旧，中央设御史台，以御史大夫为长官。唐承隋制而有所调整。中央仍设御史台，御史大夫为长，御史、中丞两人为副，掌持全国刑宪典章。

其下设台院、殿院、察院，分别由侍御史、殿中侍御史、监察御史若干人组成。

台院的侍御史在诸御史中地位较高。其职掌是纠察百官，弹劾违法失职者，并负责或参与皇帝交审的案件。殿院的殿中侍御史掌纠察朝仪及其他大朝会等。察院的监察御史品级较低，但职掌广泛，权限不轻。主要是监察地方官吏。

唐朝的诉讼制度，主要规定于唐律《斗讼》篇之中。告、诉都有严格程序，必须由下而上，从县、州到中央依法定程序上诉，不许越诉。越诉及受理越诉者各笞40。应受理而不受理者笞50。

有严重冤案被压制不能申诉者，可以向皇帝直接告诉；有关主管官员不即刻受理者，加罪一等；告诉

市舶　我国旧时对中外互市船舶的通称。其含义在各时代并不一致。唐宋元时对中外互市商船统称市舶。明初的市舶专指外来贡献的贡舶。自正德、嘉靖年间葡、西等国商船先后来华，外国的商船又逐渐称市舶。到清朝，市舶则专指外国商船。

■唐朝皇帝塑像

唐代大明宫朝贺像

不实者，杖80；冲撞皇帝仪仗队申诉者，杖60。

为了防止滥诉，严惩诬告，唐律规定，凡是自己不能确定是否实有其事者笞50。替人写诉状控告别人犯罪，增添情节，与所告事实不符，也笞50，以示负责。严禁以匿名的方式告人罪，违者，流2000里。诬告人者各反坐。

除谋反、谋大逆、谋判罪外，告祖父母、父母者，处绞刑。告亲尊长及至亲者，即使确有实情，也要徒刑两年。属下、奴婢告主者，处绞刑。

被囚禁的犯人，除知有谋反、谋大逆、谋叛罪，以及被狱官虐待可以告发外，不得告发其他的事。年80岁以上，10岁以下及重病者，除了有重大问题如谋反、谋大逆、谋叛、子孙不孝等可以告外，其余不得告。

唐朝的审判制度，主要规定于唐律《断狱》篇之中。

司法官在审讯中，首先必须弄清案情，仔细考察被讯对象的言词、表情和陈述的理由，反复进行比较、考核、验证，了解有关事实。必须实事求是，既不许把无罪断成有罪，轻罪断成重罪；也不许把有罪判为无罪，重罪判为轻罪。

司法官必须严格依据律、令、格、式的正文断罪，对于皇帝临时就某人某事而发布的"敕"，凡是未经编入永格者，不得引用作为"后比"，如果任意引用而致断罪有出入者，事属故意，以故意出入人罪论处；事属过失，以过失出入人罪论。

为了防止司法官专横，滥用"拷讯"，对此规定了若干限制。如拷囚不得过3次，总数不得过杖200；拷满200仍不招认者，取保暂放。违法拷讯而致人死者，有关官吏徒两年。对有疮、有病的人犯进行拷讯者，处笞、杖刑，因而致死者，徒一年半。

此外，依法应议、请、减者，以及老小疾病者，不得拷讯。孕妇犯罪应拷讯者，须等产后100日再拷，违者分别处杖、徒刑。

唐律还严格规定了上诉复审及死刑复奏程序。案件审理完毕，凡是判处级别在徒刑以上的人犯，应对囚犯本人及其家属宣告判决的具体罪名，允许其是否服罪及对判决的意见。如果不服，应认真进行复审，违者，司法官笞50。

对死刑的执行规定了非常慎重的程序，死刑判决必须奏报皇帝，

■唐代武官俑

经皇帝核准后等候执行死刑的犯人称死罪囚。对死罪囚执行死刑，还要3次奏报，得皇帝许可，否则才可执行。

唐朝监狱的设置和管理，较前都更趋完善。中央设有大理寺狱，关押皇帝敕令逮捕和朝廷犯罪的官吏。在京师，设有京兆府狱和河南狱，关押京师地区的罪犯。在地方，各州县都设有监狱，囚禁当地犯人。各监狱均设专职的掌狱官，负责监狱管理。

总之，唐朝继承、发展以往礼法并用的统治方法和立法经验，使法律真正实现了礼与法的统一。把封建伦理道德的精神力量与国家法律统治力量紧密糅合在一起，法的强制力加强了礼的束缚作用，礼的约束力增强了法的威慑力量，从而构筑了严密的统治法网，有力地维护了唐朝的封建统治。

唐朝立法充分汲取前代经验，立法技术相当完善。律、令、格、式四种法律形式有分工、有联系，并行不悖，相得益彰。唐律用语精练明确。

唐律还进一步明确公罪、私罪、故意、过失的概念，并规定了恰当的量刑标准。由此可见，唐律体现了立法技术上的高度成就。

阅读链接

唐太宗李世民曾下令，凡官员伪造资历，限期自首，否则处死。后来有伪造资历的官员在限期内没有自首，被考核官查知后上报皇帝。唐太宗命斩首。

当时的大理少卿戴胄忠认为，这种情况应该判流刑，但唐太宗说："我已经命令斩首了，难道我说话不算吗？"

戴胄忠说："陛下命令斩首，不过一时之怒。法律却经过缜密研究，颁布天下，人民共守。陛下应忍小忿而存大信。"

李世民称赞说："你执法如此严正，我还有什么忧虑！"

遭时定制

从五代十国至元朝是我国历史上的近古时期。这一时期的立法均以唐律为蓝本，唐律条文相延有效，并根据不断变化的形势，颁发了大量的条格敕令作为补充。

在立法指导思想上，五代十国时期的大动荡，使得封建法制破坏殆尽，而每个王朝都试图通过严刑峻法来维持其统治。

宋朝法律儒道兼用，并在经济法建设方面成果显著。至于辽、夏、金、元等，其因俗立法与司法实践，则体现出明显的民族特点。

五代时的刑法与考课

　　五代时期变乱频仍，局势动荡，各种社会问题层出不穷。时势的变化，导致五代刑事法律制度也随之发生较大的变化并呈现出自己的一些特点。五代时期的法制情况主要是刑法立法和考课制度。中原五代法制基本行用唐朝的律令格式，但因各朝又都有新编附益，使得法规律令各有不同。

　　中原五代统治者大都采取严刑峻法的手段来维持社会秩序。因此立法森严，刑罚酷滥，司法黑暗，成为这一时期法律的显著特点。

　　五代之制沿袭唐朝，考课制度亦不例外，由于时代不同，遂产生了许多变化。

■后梁太祖朱温画像

五代是指后梁、后唐、后晋、后汉和后周五个依次更替的中原朝廷。

五代时期，由于军阀混战，政治局面动荡不安，使得统治者对刑罚镇压功能颇为倚重。因此，立法指导思想是制定严刑峻法，加强统治，比如，部分已被废除的肉刑在这时期复活了，使刑罚变得空前酷烈。

■ 五代残存造像

五代时期法律形式，最主要的成就体现在两个方面，一是刑统的完善，二是"编敕"的确立。前者就是刑事法规的汇编兼训释；后者是指将一个个单行的敕令整理成册，上升为一般法律形式。

刑统是五代时期最主要的法律形式。这一时期的刑统是在唐朝律文的基础上，附以唐高宗以后各朝颁布的敕令格式，加以分门别类汇编而成。

这一法律形式与"律"相比，具有注重实用，便于随时增补、灵活援用等特点，既是对唐刑统的发展，也成为五代时期最主要的法律形式，并被后来的宋朝所继承。

法律形式的另一发展为"编敕"。在五代时期编敕只是有关于敕令的汇编，还没有形成严格的体例，直到宋朝才开始按律12篇的体例进行编敕，使编敕进一步成为一种法典的编纂形式。

唐高宗（628年—683年），李治，字为善，唐太宗李世民第九子。唐朝第三任皇帝，谥号"天皇大帝"。在位时开创了有贞观遗风的永徽之治。唐朝的版图，以唐高宗时为最大，东起朝鲜半岛，西临咸海，一说里海，北包贝加尔湖，南至越南横山，维持了32年。

法治天下

历代法制与公正严明

■ 五代青釉刻花碗

五代十国时期的立法情况，主要反映在五代确立的法规方面。这5个封建王朝的统治时间都不长，断狱决讼，主要沿用唐律。

其中后汉统治不到4年，和中原地区之外的10个割据政权一样一直处于战乱状态，顾不上编撰法规，史书未见有这方面的记载。后梁、后唐、后晋和后周也都颁布过新的法规。

后梁的立法全力消除唐朝法制的影响。后梁的统治者曾下令将唐朝的法律全部焚毁。在法典形式上，后梁也不愿与唐朝的法律形式相同而主要采用"刑律统类"与"格后敕"的形式。

后梁法规主要有《大梁新定格式律令》。据《旧五代史·刑法志》记载，909年，梁太祖朱温诏太常卿李燕、御史萧顷、中书舍人张兖、户部侍郎崔沂、大理寺卿王鄯、刑部郎中崔诰，共同删定律、令、格、式，历时一年完成。

《大梁新定格式律令》计令30卷，式20卷，格11卷，律并目录13卷，律疏30卷。新定的格式律令颁布后，梁太祖即下诏，要求各级吏员"切务遵行"。

后唐法规主要有《同光刑律统类》《天成格》和《清泰编敕》。李存勖灭梁建立后唐，自称唐朝中兴，废《大梁新定格式律令》，仍沿用唐朝法规。

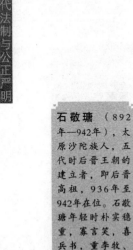

石敬瑭（892年—942年），太原沙陀族人，五代时后晋王朝的建立者，即后晋高祖，936年至942年在位。石敬瑭年轻时朴实稳重，寡言笑，喜兵书，重李牧、周亚夫之行事，隶属李克用义子李嗣源帐下。当时石敬瑭冲锋陷阵，战功卓著。

925年，后唐刑部尚书卢价修订完成《同光刑律统类》13卷。《集同光刑律统类》以刑统为法律形式，对《宋刑统》有较大影响。

《天成格》是后唐明宗时制定的新格。《宋史·艺文志》载有《天成长定格》一卷，《崇文总目》2卷载有《后唐长定格》3卷。《清泰编敕》是935年由御史中丞卢损等将以前的制敕编纂而成，共30卷。

后晋的石敬瑭勾结契丹贵族灭后唐称帝，建立后晋，初期沿用唐律，后来于938年命左谏议大夫薛融等编撰制敕，第二年完成，叫作《天福编敕》，共31卷，与格式参用。

后周法规主要是《大周刑统》，即《显德刑统》，这是五代十国时期制定的一部最重要、最完善的法典。

《大周刑统》是以律为主，把相关的敕、令、格、式等进行汇编，然后再进行分类，编成的一部综合性刑事法规。由于五代时期皇帝临时制法频繁，敕的数量增多，地位提高。最终形成了以律为主，将敕、令、格、式汇集在一起，成为刑统这种新的法典编制形式。

《大周刑统》在制定上，对律文容易明了的，将律的《疏议》省略；对律文的主要意义难以理解

■越窑五代云纹罂

■ 周世宗柴荣（921年—959年），邢州尧山柴家庄，今河北省邢台市隆尧县人。五代时期后周皇帝，谥号"睿武孝文皇帝"。在位期间，力精图治，中原开始复苏。又西败后蜀，南摧南唐，北破契丹。在议取幽州时病倒，不久去世。

的，用《唐律疏议》加以解释。同时将与律文相近的令、式、格、敕，依次编于律后。

周世宗柴荣深知乱世用重刑的道理，对贪财或滥杀俘虏的大臣，绝不姑息，经常毫不留情地处死。但在《大周刑统》中，周世宗建议将五代时期以严酷出名的法律进行了彻底修订，废除了随意处死的条款，废除了凌迟一类的酷刑。还对五代相沿的律、令、格、敕进行删节、注释和评议，颁行全国。

《大周刑统》直接受唐朝宣宗时期颁布的《大中刑律统类》的影响，它的出现，在我国法律史上是一大变革。它对于后来的《宋刑统》有着直接的影响，为宋代法律名称的变化奠定了基础。

五代时期还增设了罪名，加重了量刑。一是五代时期加重对官吏贪赃犯罪的处罚，除后周外，都将"官典犯赃"作为常赦所不免的犯罪；二是加强对僧尼、道士违法擅自剃度他人的行为进行处罚，这主要是因为当时僧尼、道士在法律上享有免除赋税的特权，为了维护国家课役制度的稳定，加重对此类行为的处罚；三是对厩库管理、盗罪的处罚亦加重，对官

道士 信奉道教教义并修习道术的教徒的通称。道士作为道教文化的传播者，又以各种带有神秘色彩的方式，布道传教，为其宗教信仰尽职尽力，从而在社会生活中，也扮演着引人注目的角色。道士之称始于汉，当时意同方士。在道教典籍中，男道士也称乾道，女道士则相应地称坤道。黄冠专指男道士，女道士则相应地称女冠。

吏违反审判制度的犯罪的处罚也更加严厉。

五代的民事法制渐趋完备。在契约制度上，五代时期对不同契约在格式、体例及内容诸方面有一些共同的要求，如契约中包含订立契约双方当事人的姓名，订立契约的原因，契约的具体内容，双方的责任，订立契约的人与见证人均要画押等；在继承制度上，对死者钱物的继承作了进一步的规定。

五代沿用唐制，中央司法机关仍为大理寺、刑部、御史台，分别为中央最高审判、复核与监察机关。地方司法机关仍与行政合一。

由于藩镇割据，军阀当政，司法审判权落入军人之手，军人可以随意委任自己属意的司法审判官，司法状况极为黑暗。

五代时期要求诉讼的提起须经法定的程序，严禁越诉。规定只有农闲的时才能受理民事诉讼，避免因民事诉讼而影响农业生产。在案件的审理过程中，刑讯仍是主要取证手段。

此时出现了由和凝父子共同编写的《疑狱集》，收录了大量古代侦查、断案的事例，记录了较为典型的侦查、断案技巧。

五代时期还设置了为监犯治病的医院病囚院，这在我国古代狱政史上具有重要

■五代时期白釉盒

意义，是我国狱政逐步走向文明的表现。但是这些措施在当时并未得到真正的贯彻和实施，直到宋真宗时才有病囚院，医治持杖劫贼、徒、流以上病囚，其他病囚得保外就医。

五代时期的政治动荡，藩镇林立，改朝换代频繁，故考课制度在执行上产生了不同于其他时代的一些特点。

五代官员考课通常每年进行一次，称小考，三四年举行一次大考。小考考核一年政绩之优劣，大考则对其本人任期内的政绩做出综合性的鉴定，作为是否奖惩升迁的依据。

每年对官员考课一次，称一考，对不同等级的官员每个任期都规定有相应的考数，称考限。考限的相关规定，实际上是针对当时官多阙少的矛盾，而对官员任期时间的一种限定。

■ 五代越窑莲花盏

五代时期每年考课时，要求诸司、各地均要上报官员的考帐，并且要按照一定的格式上报。考课结束以后，要将所确定的考课等级，由尚书省以考牒的形式下发给所在部门或地方官府，作为官员参加铨选或升迁的依据。

历代对官员进行考

课的目的，当然是澄清吏治，奖勤罚贪，这是不言而喻的，五代时期也不例外。为达到这个目的，各朝也颁布了一些赏罚措施，如对地方官员进行奖罚时，多采取进考或降考等的办法。

青釉提梁倒注壶

五代时期虽然制定了考课制度，但各朝大都没有认真执行。但从新旧《五代史》列传所记载的情况看，因为考优而得以升迁者还是大有人在的。如孙彦韬，汴州浚仪人，少以勇力应募从军。曾在后梁、后唐两朝历任将校及州刺史，以考课见称，就加检校司空，后历密、沂、濮三州刺史，累官至检校太保。

《资治通鉴》里记载了朱温"执法必严，违法必究"的一个故事：一次，朱温爱将寇彦卿入朝，在天津桥上被一老人无意阻挡，寇彦卿令从者将老人推落桥下摔死。

这件事被御史府司宪即执法官崔沂弹劾后，朱温即将寇彦卿贬官。寇彦卿因此对崔沂怀恨在心，宣称如果谁能把崔沂除掉，就重重有赏。

朱温知道此事后，严厉警告寇彦卿："崔沂有毫发伤，我一定诛你九族！"

当时立国之初，功臣骄横；此事后，上下无不肃然。

宋朝立法是儒道兼用

公元960年，赵匡胤发动陈桥兵变，夺取后周政权，建立了宋朝。宋太祖赵匡胤为了巩固统一，维护封建秩序，开始了一系列立法活动。以加强专制主义中央集权，防止割据分裂为立法指导思想，崇文抑武，儒道兼用，大度兼容，强调慎法，实施轻刑。

同时，宋朝调整经济的法律法规，在我国经济立法史上形成了较完备的经济法律体系，使宋朝成为我国古代民商事及经济立法最为活跃的朝代，对商人给予了较往常更多的尊重，对后来的经济法制建设具有重要意义，起到了奠基的作用。

■ 宋太祖画像

宋太祖赵匡胤结束了五代十国的分裂局面，建立北宋政权。为了巩固统一，加强中央集权，维护封建秩序，宋太祖在即位后不久，就命工部尚书兼判大理寺窦仪等人修订法律。

窦仪是前朝元老，懂得如何修订法律。他和苏晓、奚屿、张希逊、陈光父、冯叔向等人，在总结唐朝和后周立法经验的基础上，编纂了宋朝第一部刑法典《宋建隆重详定刑统》，简称《宋刑统》，共30卷。

宋州

■ 宋太祖赵匡胤雕像

《宋刑统》修成后，宋太祖于963年下诏刻版印刷颁行全国，成为我国法制史上第一部刻版发行的封建法典。

《宋刑统》颁布后，中经宋神宗、宋哲宗、宋高宗几朝数次修改。但由于它是宋朝开国以来第一部法典，继承皇位的几代君主都不敢轻易修改，所以，每次改动都很小。

从法律形式上看，宋朝的敕书应用极为广泛，经常使用敕书来处断案件，从而使敕逐渐成为一种重要的法律规范。

敕发布多了，时间一长，前后敕有抵触，必须进行汇编整理，删去过时的，保留现有用的，这就是"编敕"。把散敕中一事一例的判例，经过汇编整理

窦仪（914年—966年），字可象，蓟州渔阳，今天津市蓟县人，窦禹钧长子。后晋进士，历任后汉、后周朝官职。宋太祖赵匡胤时，任工部尚书，判大理寺事。曾奉命主撰《建隆重定刑统》即《宋刑统》30卷、《建隆编敕》4卷。

年号 是我国古代发明的产物，除了是用于纪年以外，另外还表示祈福、歌颂和改朝换代。年号真正使用的开创制度，是我国汉朝皇帝汉武帝刘彻，在我国长达2000多年之久的封建王朝一直沿用。年号是我国历史中的精神文化遗产。

上升为具有普遍意义的原则，通行于全国的法律条文。可见，编敕是宋朝立法活动中一项非常重要的法律形式。

宋朝编敕极其频繁，每逢新皇帝即位，同一皇帝改变年号，都要重新编敕。宋朝皇帝改元多，编敕也就多，以至到底有多少部编敕，实难统计。

编敕实质上是对《宋刑统》的重大修改。而且，与刑统相比，编敕可以随时发布，运用起来灵活得多，统治者随心所欲地经常编敕来满足自己的需要。这就形成了律敕并行，即在保持《宋刑统》的应有法律效力的情况下，提高敕的地位，在审断案件时加以引用。这是宋朝立法的特点。

宋朝在刑事法方面有盗贼重法、折杖法，以及刺配和凌迟。

■ 北宋东京城模型

为加强中央集权，稳定社会秩序，宋统治者开始对一些重要地区盗贼犯罪论以重法，以严惩窝藏盗贼的行为。

随后，出于京畿地区安全的考虑，将京城开封及诸县划为"重法地"，规定凡在"重法地"内犯贼盗罪者，适用比《宋刑统》重的处罚。后来重法地的范围扩大到一些非重法地。

宋朝首创折杖法。折杖法就是将笞、杖、徒、流等四种刑罚折抵为一定数量的杖刑的刑罚制度，其总体趋向是使刑罚减轻。

在民事法律中，宋朝规定不动产买卖契约成立的4个步骤是：

第一，田产买卖先问亲邻，他们具有先买权。

第二，制作契约，到官府印契，缴纳契税，交易才有效。

第三，契约上写明标的物的租税、役钱，并由官府在双方赋税簿账内变更登记，加盖官印。如果没有过割赋税，往后买卖的交易双方如果发生纠纷争讼时，即使买受田宅的富豪之家持有契约，官府也不会受理争讼。

第四，买卖契约达成后，转移土地的占有，卖主离业，且不允许其租佃该土地，以防止自耕农减少、

■ 北宋睚眦纹鎏银铁斧

自耕农 自己占有土地和其他生产资料，依靠自己和家庭成员进行农业经营的个体农民。一般不剥削别人，或者对别人有轻微剥削，或者受别人轻微剥削。其生产通常带有较大程度的自给自足性质。

宋朝大晟钟

佃农增多，以致减少官府的赋税收入。

宋朝对婚姻家庭与继承制度也在民事法律中作了规定。

婚姻法规注重妻子的离婚权利，如规定丈夫出外3年不归，6年不通信息，准予妻子改嫁或离婚；丈夫因犯罪而离乡服刑，妻子可以提出离婚；被夫同居亲强奸，或虽未成，妻子也可提出离婚；丈夫令妻为娼者，妻子也可提出离婚；等等。

另外，法律还扩大强制离婚的范围，如法律规定，将妻子雇与他人为妻妾者，婚姻关系应解除。

继承法规中较有特色的是关于养子继承权的规定。立继子与命继子由于收养关系成立的时间不同，意味着其对父母生前所尽的赡养义务不同，在遗产的继承上便有所不同。

立继子等同于亲子，但继子如果未尽过赡养义务，就只承担祭祀任务，也只能继承遗产总额的三分之一。

对于命继子，宋朝法律规定，任何人如果死后没有儿子的，其寡妇或宗族有权为死者设定一名"嗣子"来继承家产。

在有寡妇的情况下，嗣子可以得到和儿子一样的继承地位。但如果死者的配偶也已不在世，这位嗣子是由宗族设定的，那么这种所谓的"命继子"的继承地位要比正常的儿子或嗣子差很多。

宋代法律规定，命继子在和未嫁的在室女一起继承遗产时，只能得到遗产的四分之一；命继子在和归宗女共同继承时，先依户绝法，归宗女得遗产总额的一半均分，命继子得总额的三分之一，余下部分的二分之一加给命继子，二分之一没官；如果命继子是和出嫁女共同继承，出嫁女和命继子均分遗产总额的三分之二，余下三分之一没官。

在经济法方面，宋朝对盐、茶、酒等产品控制较为严格。宋朝池盐生产为官营，有"官办官卖"和"通商"两种形式。海盐生产多为民营，其运销多为官运官销。

宋朝制定的榷茶法加强了对茶叶生产与经销的控制，为国家增加了赋税财政收入，在一定程度上保证了军马等军需物资的供给，同时也具有加重对生产者、消费者和茶商的变相掠夺。

对于酒的控制，法律规定酒曲一律由官府制造，酿酒者必须向官府购买，严禁民间私造，凡民间私自造曲酿酒，或超出规定地区酿酒销售都要处以刑罚。

宋朝在北方边镇设置榷场，作为官办贸易的场所，与辽、金、西夏进行互市贸易，一方面是为了通过物资交流，获取经济利益，另一方面则可以控制重要物资外流。

宋朝的市舶法也称市舶条法或海舶法等，据有学者考证其为世界上最早的成文外贸法规。主要包括对外贸易主体规定、商船出入境管理规定、行外贸许可证管理制度、针对

榷 场 指我国辽、宋、西夏、金政权各在接界地点设置的互市市场。榷场贸易是因各地区经济交流的需要而产生的。对于各政权统治者来说，还有控制边境贸易、提供经济利益、安边绥远的作用。所以榷场的设置，常因政治关系的变化而兴废无常。

近古时期·遭时定制

归宗女 旧时多指妇女在夫亡无子或离异的情况下，回母家；随母改嫁之子回归生父宗族，恢复原姓氏。有时也指出嫁女子回归娘家省问。

■宋代玉器

进口货物的管理规定。此外，宋朝还对货币金融和财政税收予以立法调整。

总之，宋朝经济立法较为完备，为宋朝经济社会发展做出较大贡献，其中诸多经验教训值得我们进一步去归纳总结。

宋朝的司法制度是，中央仍设大理寺，掌管中央司法审判大权，负责审理地方上报的刑事案件以及京师与中央百官犯罪案件。同时也参与皇帝直接交办的重大刑事案件，与刑部和御史台共同审理，并上报皇帝批准执行。

刑部是尚书省六部之一，掌管全国刑狱政令，复核大理寺详断的全国死刑案件，以及官员犯罪除免、经赦叙用、定夺昭雪等事。

御史台是宋朝中央监察机关，也具有部分司法审判职能。御史台的主要官员大都参与司法审判，主要是处理命官犯罪大案、司法官受贿案、地方官府不能决断的疑难案件以及地方重大案件等。

宋初为强化对中央司法机关的控制，在皇宫中另立审刑院，这是当时中央司法机构最突出的变化之一。凡须奏报皇帝的各种案件，经

开封府

大理寺断谳后，报审刑院复核，由知院事和详议官拟出定案文稿，经中书省奏报皇帝论决。

审刑院权势显赫高于大理寺和刑部，其职掌原均属于大理寺和刑部，是宋初加强中央集权的产物。审刑院存在时间约90年，神宗时裁撤后，其职权复归大理寺与刑部。

此外，宋初还增设制勘院和推勘院等临时性审判机构，负责审理皇帝交办的案件。

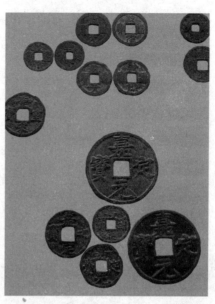

■ 嘉定元宝

在司法审判制度上，宋朝建立了鞫谳分司制和"翻异别推"制度。鞫谳分司就是将"审"与"判"分开，由专职官员负责选择法律条文，原审官员无权选择适用法律予以定罪；选择法律条文的官员是依据原审官员审定的案情与相关证据适用法律，但无权过问审讯。

该制度使二者互相制衡，以免作弊，此即"鞫谳分司"之目的。成为宋朝司法审判制度上的一个进步表现。

宋朝在发生犯人推翻原有口供，且所翻情节涉及定罪时，采取"翻异别推"制度，也就是将该案改交另外法官或另一司法机构重新审理，改换法官审理称"别推"，改换司法机关审理，称"别移"。

按宋朝法律规定，犯人翻异次数不得过三。故意诬告称冤者，查证属实，罪加一等处罚。这一制度的

审刑院 宋朝官署名，是宋朝初期的一种审判复核机关，宋太宗时置。其主要掌复查大理寺所断案件，由知院官与详议官提出意见后，报告中书，奏请皇帝决断。宋神宗时并归刑部。存在期间，其权势高于大理寺和刑部。

出现，有助于纠正因刑讯逼供而导致的错案、假案、冤案。故为宋朝司法审判制度上的又一进步体现。

宋朝的监察制度沿袭唐制设立中央监察机关御史台，仍分三院即台院、殿院、察院，察院的监察御史职责尤为重要。监察御史从曾二任知县的官员中选任，宰相不得荐举御史人选，宰相的亲故也不得担任御史职事。御史的任命须经由皇帝批准。御史每月必须奏事一次，是为"月课"。

在御史台以外，宋朝将唐朝分属中书、门下两省的谏官如谏议大夫、司谏、正言等组成专门的谏院，负责对中枢决策、行政措施和官员任免等事提出意见。与御史台配套，合称"台谏"，旨在牵制宰相的权力。

宋朝对地方官员的监察也更加严密。设于各路的监司负有监察职责，负责巡按州县。州级政权的通

宋慈（1186年—1249年），字惠父，建阳，今福建省南平人，宋朝法医学家，官至提点刑狱公事。他是我国古代杰出的法医学家，被称为"法医学之父"，著有《洗冤集录》。西方人普遍认为是宋慈于1235年开创了"法医鉴定学"先河。

■ 开封府衙

判官，号称"监州"，职责即为监察州县官员，州府文告无通判共署
不发生效力。

　　宋朝以法医检验为核心的司法鉴定在我国司法制度史上是独占鳌
头，不论是检验制度还是法医学，或是证据理论，都对我国后世乃至
今天产生了巨大影响。

　　当时的法医学家宋慈撰写的《洗冤集录》，是他总结以往勘验经
验，又结合自身勘验经历完成的。《洗冤集录》是世界第一部比较完
整的法医检验专著。

阅读链接

　　赵匡胤曾经立下了祖训：凡是大宋的历代皇帝，在祭祀时
都必须要在誓碑前下跪，并默诵碑上的誓言，世世代代，不得
违抗。

　　誓碑上的内容说："不准杀士大夫上疏言事者；即使有谋
逆大罪，亦不可株连全族，只可于牢中赐死，不可杀戮于市。
不遵此训者，吾必不佑之！"

　　果然，世代的大宋皇帝遵守了赵匡胤的誓约，就连后周皇
帝柴荣的子孙都得到了很好的照应。

辽夏金法律因俗而治

辽、西夏、金时期是我国历史上继魏晋南北朝以后又一个分裂时期，同时也是一个各民族大融合时期。在这一时期，北方少数民族及其建立的政权在法律制度上的学习、吸收、发展贯穿始终，法律文化的交流和融合从未中断，特别是少数民族政权对内地汉族传统与当时统治经验、法律制度、法律观念的学习和效仿，创建出了适合自己的法治制度 。

在时战时和、相互对峙的局面下，辽、西夏、金三朝因俗而治的法律制度，更能反映当时的各民族特点。

■西夏建立者李元昊塑像

辽朝是契丹族人耶律阿保机建立的政权。辽的法律，因俗而治，各地不同。辽太祖耶律阿保机建国后，于921年下令"定律令"，开始了辽的法制进程。不久，编成《决狱法》，成为契丹最早的一部基本法典。

随着辽政权的不断巩固，其法制建设的步伐也不断加大，辽圣宗、辽兴宗两朝，大规模翻译唐、宋法典、制度，改革契丹法律法规，于1036年编成《重熙条制》，共547条。

这是辽重要的成文法典，在参照汉族相关规定的情况下，重点解决原先《决狱法》背景下契丹人与汉人适用法律不均等矛盾。

此后，为了能够进一步统一对契丹和汉族的规定，道宗开始又对《重熙条制》进行大规模修改，于1070年编成《咸雍重修条制》，共789条，适用于其统治区域内的汉族人和契丹人，标志着辽法汉化进程的完成。但由于新法典比较复杂、烦琐，使用不便，不久，统治者又下令"复行旧法"，继续使用《重熙条制》。

从第一部法律《决狱法》到《重熙条制》的制定、修改和被重新使用可以看出，辽的立法过程一方面是契丹民族习惯法与汉族法律制度不断融合、不断

■ 耶律阿保机（872年—926年），契丹族，汉名耶律亿。辽朝开国君主，916年，群臣及诸属国上尊号曰"大圣大明天皇帝"，庙号太祖。他任用汉人，制定法律，改革习俗，创造契丹文化，发展农业、商业。

■崇宗李乾顺 西夏第四位皇帝，谥号"圣文皇帝"。在位期间整顿吏治，减少赋税，注重农桑，兴修水利，在李乾顺的励精图治下，西夏国势强盛，政治清明，社会经济得到很好的发展。

吸收汉族先进法律传统的过程；另一方面，又是民族之间由"因俗而治"直至最后契丹与汉人以及其他民族统一适用《咸雍重修条制》等的过程，法律逐步走向统一。

辽的罪名从最初的谋叛、盗窃等逐步增多，分布逐步合理。辽的刑罚有四种：杖刑、徒刑、流刑、死刑。辽法制的最重要特点是大量吸收唐宋法律，又保留大量契丹习惯。

辽在建国前，主要依靠部落中的长老处理司法事务。920年辽太祖设"夷离毕"一职，专门负责司法。后又扩大为"夷离毕院"，内设夷离毕、左右夷离毕、知左右夷离毕等，性质相当于刑部，分掌部族法令、刑狱等。

西夏在崇宗李乾顺时就已有了称作"律令"的

法治天下

历代法制与公正严明

法典。此后陆续颁布的法律方面的文献就有《天盛律令》《新法》《光定年新法》等。其中篇幅最长、内容最详细、保存最好的是《天盛律令》。

《天盛律令》是一部包括刑法、民法、行政法、经济法、军事法、诉讼法等各部门法"诸法合体"的综合性法典。其吸收了唐、宋王朝法典中维护封建专制统治的"十恶""八议""五刑"的基本内容，更主要的是吸收《宋刑统》的内容。

《天盛律令》还结合西夏社会的具体情况增设许多唐、宋律中所没有的条文，比唐、宋律规定更加细密，更加充实。特别是有关牲畜管理、军事制度、行政机构的设立及管理体制等内容比较突出，反映了西夏的民族特点。

《颁律表》中明确指出旧律有"不明疑凝"处，故而要加以修订。可知西夏此次修订律令是为了使律令更加明晰，便于贯彻实行。

《颁律表》后载有纂定者19人的职称和人名。为首的是北王兼中书令嵬名地暴，他应是此次修律的主持者。其余参加纂修的有中书、枢密院的宰辅要员、中兴府、殿前司、阁门司等司职的重要官员，阵容十分强大，可见西夏王朝对这次修律的重视。

《天盛律令》在刑法、诉讼法、民法、行政法、军事法各方面都有丰富内容，从内容上看，应该是一部诸法合体的综合法典。当然刑法占很大比重，此外

辽代人物蜡像

■ 完颜阿骨打 （1068年—1123年），女真族，汉名旻。金代开国皇帝，谥号"武元皇帝"，庙号太祖。是女真族的伟大领袖，对金朝灭亡辽朝、统一北方具有奠基意义。

诉讼法、行政法、民法、军事法的内容也较多。

从形式上看，《天盛律令》的编纂体例虽然受到中原王朝律法《唐律疏议》和《宋刑统》的影响，但是有其独到之处，可以说是一种新的法律体系。

西夏简称"夏"，是党项八部之一的拓跋部李元昊建立的政权。西夏的量刑原则：一是重刑主义，刑罚上首次出现长期徒刑与无期徒刑；二是按身份量刑。并确立了"五刑"，即杖刑、短期徒刑、长期徒刑、无期徒刑、死刑。

另外，西夏刑罚还有附加刑，主要是黥和戴铁枷。西夏的主要罪名大多沿用唐宋的罪名。西夏的军事犯罪规定的非常详细、处罚也很具体、严格。西夏不承认不动产地邻的先买权，如以接邻而强买要判处刑罚。

西夏的诉讼程序比较简单，一般的刑事案件和民事诉讼由地方官受理，京师的案件由中兴府和御史审理。在案件审理的过程中，对于事实明白而罪犯拒不说实话的，允许三番拷讯。

还设立了一个"律案检"，专门负责查找或提示适用的法律条文，如果官员定罪有误或者"律案检"引用法律条文有误，均要负法律责任。

金朝是女真族人完颜阿骨打建立的政权。金政权存在的时间比辽、西夏都短，但是他们吸收唐宋法律的意识更强、汉化的步伐更大，在政权不断巩固的过程中，建立了比较系统、完备的法律制度，法制成就远在辽、西夏之上。

金熙宗皇统年间，首先根据女真旧制，参考唐、宋、辽之法，编成金朝第一部成文法典《皇统制》。此后又有《大定重修制条》《明昌律义》和《泰和律》，其中的《泰和律》主要参照《唐律疏议》制定而成，共有12篇30卷。《泰和律》是金朝法制从内容到形式全面汉化的标志。

金的刑法加重了对"盗"罪的处罚，除依法治罪外，还要加3倍追罚赃款，后又规定盗罪要附加刺字。

另外，金的法律虽然吸收了唐宋的"八议"制度，但却大大缩小了"八议"适用的范围，且在适用时也非常严格。为严肃官纪，金加重了对各种官吏犯罪的严刑制裁。

金诉讼制度大体沿袭唐辽宋旧制，受女真传统习惯影响，也有一

■西夏官员处理业务场景

些颇具特色的新规定。金朝案件起诉的方式分为官吏纠举、告诉和投案自首3种。

官吏纠举，指的是监察官及其他官吏对犯罪案件的弹劾、检举。金朝进一步强化了中央和地方监察机关纠举和弹劾官吏违法犯罪案件的职能。

金朝中央监察机关御史台，又称"宪台"，是"察官吏非违，正下民冤枉"的法纪监察机关。其组织机构大体仿效唐制，而规模较小，仍以御史大夫和御史中丞为长官。

御史大夫掌纠察朝仪，弹劾百官；御史中丞协助御史大夫执行其职务。随着金王朝中央集权的加强，朝廷对监察机关的建设越来越重视。御史台的职权不断明确和扩大。

在封建时代，皇帝对可能危及皇权、觊觎皇位的诸王防范甚严。金朝在各亲王府设置傅、府尉、长史等属官，职司管理王府事务，监视亲王及其家人的活动，纠举其违法犯罪行为，等等。

金代击节陶俑

监察机关在金朝备受朝廷的宠信和倚重，被视为"天子耳目"，赋予行政监察和法律监督的重任，是统治者控制各级官吏和整饬吏治的主要工具。

因此，金朝廷十分重视监察机关的管理及其自身的建设，发布了一系列监察法规、法令和诏制，建立起一套颇为严密的考核、赏罚制度，形成对监察机关严格管理、监督的机制。其中明确规定了监察官在执行职务中的法律责任。

在金朝，监察官因违法失职而受到处罚的案件，不乏其例。例如，在大定

年间，御史大夫张汝霖因纠举之错，从官二品降至从四品。

金朝前期没有建立常设性的地方监察机关。地方行政监察和法律监督事务，通常由中央派遣御史台官员前往各地办理。由于人手和地域的限制，地方监察工作难以开展。

金朝提刑司的组织机构初具规模。提刑司大体仿效宋制，设于路一级官署，具有中央派出机构的性质。但并非各路均置，而是若干路合设一提刑司，计有9个提刑司。

金章宗曾经改提刑司为按察使司，进一步扩大地方监察机关的机构和职权。按察司官员渎职违法，亦须负法律责任。

金朝对判决的执行有一定的规格。笞杖刑的执行但属于身体刑，并带有耻辱刑的性质。故有一定身份地位者，往往通过以钱财赎刑等途径规避体罚的实际执行。

为此，金律对于某些贵族官僚犯罪案件，在判处笞杖刑时，特别附加了"的决"的规定，要求必须实际执行，不得赎免。

执法杖的式样也有一定的规格。金章宗时颁行的《铜杖式》，明确限定了法杖的尺寸、厚薄，并向地方官署颁发了标准式样。

施刑的部位，金初罪无轻重悉笞背，金熙宗时改为臀、背分决，海陵王又"以脊近心腹"，禁止杖背。

金朝对某些特殊身份的徒罪犯人，如妇女及"家无兼丁"者，实行以杖代徒，即用决杖代替徒刑。

金代铜坐龙

金朝死刑判决的执行，仍实行秋冬行刑等适时行刑制度。在死刑执行程序上，仍沿用华夏王朝传统的复奏制度。即死刑判决核准后，须反复奏闻皇帝才能执行。

金初拘押人犯的场所比较简陋，监狱的主要功能，并非执行刑罚的场所，而是临时拘押人犯的地方。其监管的人员，不少是未决人犯或已决而待执行的罪囚。

金入主中原建立比较稳定的统治后，在中央和地方普遍设置了较为正规的监狱。中央监狱设于御史台，由御史大夫的属官狱丞管理。

地方监狱设于各京府、节镇、州县。提控狱囚的职官为司狱。诸京留守司和诸节镇的司狱为正八品职，而其余官署的司狱为正九品职。

监狱管理立法日渐完善。此外，金朝还沿袭华夏历代王朝传统的"录囚"之制，随时派遣审录官巡视各地监狱，讯察狱囚，平反冤案，决遣淹滞，施行宽赦，以此表示仁政。

法治天下

历代法制与公正严明

阅读链接

金太祖完颜阿骨打在建国前后，为了巩固统治，很注意保护平民，他曾经为此陆续颁发了几项法令。

一是建国前曾下令，三年内不准催督债务，三年以后再议。这个法令，显然旨在保护平民的利益，以减少反抗。

二是由平民沦为奴隶者，可用两个奴隶赎一人作平民。原来约定用一人赎者，仍用一人赎。这个法令的用意仍在保护平民，巩固奴隶制的统治。

这几项法令发布后，平民的反抗意识得到了缓解，金太祖的统治也得到了巩固和加强。

元朝立法与民族分治

    元朝是我国历史上一个特定的阶段。作为第一个由少数民族建立起来的集权国家,元朝统治者接受汉儒建议,在法制建设上,远承唐宋,近采辽金,既沿用蒙古族相传已久习惯法,又根据统治需要制定了大量条格,在司法实践中获得很多断例。

    元统治者在学习古老的中原法律时,没有照抄照搬,而是利用了许多北方游牧民族的立法资源,体现了多民族法律文化融合的特点,它在我国法制史上占有重要地位。

■ 元世祖忽必烈蜡像

■ 忽必烈（1215
年—1294年），蒙
古族。是蒙古族卓
越的政治家、军
事家。元朝的创建
者，谥号"圣德神
功文武皇帝"，
蒙古尊号"薛禅
汗"。在位期间，
建立行省制，加强
中央集权，使得社
会经济逐渐恢复和
发展。

元朝统治期间，在立法上继承了汉族法律中的严厉之制，在法律实施上进行民族分治，从而在法律内容和司法制度中渗透着蒙古民族的传统文化精神。

元世祖忽必烈即位后逐渐改变了一些统治方法，他在逐渐抛弃了蒙古习惯法和金律的同时，大量吸收了汉族的法律文化，注重学习汉族的统治经验，他一方面重用儒生，推崇儒道；另一方面"附会汉法""参照唐宋之制"，这些做法对其后的帝王也产生了深远的影响。

元朝立法从元世祖时开始，先后颁行的主要法典有《至元新格》《大元通制》《经世大典》和《元典章》。

《至元新格》是元朝的第一部成文法典。元朝初年，一直没有制定本朝的法典，而是沿用了金朝的

《泰和律义》作为断案的依据。

1271年，《泰和律义》被禁止使用，元朝政府开始制定本朝的新法典，《至元新格》就是这一时期编订的。

1291年，元世祖命中书右丞何荣祖以公规、治民、御盗、理财等事辑为一书，即《至元新格》。此书编成后由忽必烈颁行全国。它的内容包括了公规、治民、御盗、理财等10个方面，是当时已经颁布的法律条文的总结。

《大元通制》是元英宗继承了其父元仁宗的以儒治国政策，加强中央集权和官僚体制，并于1323年下令编成并颁布的元朝正式法典。

《大元通制》是在前边一些法典的基础上编纂而成的，如元世祖时期编纂的《至元新格》和元仁宗时期的《风宪宏纲》都是《大元通制》的参考对象。

《大元通制》总共是2539条，分成了三纲一目。三纲是诏制、条格和断例，一目是别类。在纲目下边又分出了很多的细目，这和唐宋时期的内容基本相似，具体的内容也继承了唐宋法律的思想。

《大元通制》是一部具有法典特性的法律集成，是元朝法典定型化的标志。

■《大元通制》

其中的"断例"相当于唐宋律中的"律""条格"则相当于"令""格""式""诏制"相当于"编敕"。

《经世大典》又名《皇朝经世大典》。1330年由奎章阁学士院负责编纂，赵世延任总裁，虞集任副总裁，次年月修成。全书880卷，目录12卷，附公牍一卷、纂修通议一卷。

《经世大典》的体例参考了唐、宋会要，而有所创新。各篇、目正文之前，均有序文说明其内容梗概，或变革之因，或设立宗旨，便于读者了解。

这种编纂方法亦较唐、宋会要为胜。其所依据，多为中朝及外路各官府文件，但将蒙古语直译体改为汉文文言，并删去了公文中的吏牍繁词。

《元典章》全称《大元圣政国朝典四章》，它是元朝的地方官署编订的，汇集了元世祖至元仁宗期间的政治、经济、军事、司法等各方面的圣旨和条文。

全书分诏令、圣政、朝纲、台纲、吏部、户部、礼部、兵部、刑部、工部10大类，共60卷，记事至延祐七年为止；又增附《新集至治条例》，分国典、朝纲以及吏户礼兵刑工六部共8大类，不分卷，记事至至治二年止。各大类

■ 元代监国公主印

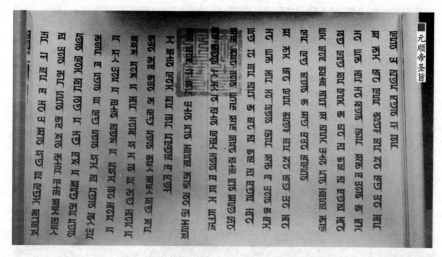

之下又有门、目，目下列举条格事例，共有81门、467目、2391条。

　　这种编排体例属于《唐六典》类型，而且很可能与当时的官衙架阁书档分类有关。

　　《元典章》是研究元朝历史不可缺少的重要文献之一，全部内容都由元朝的原始文牍资料组成。书中抄引的圣旨和中书省、御史台文件，保存了元朝最高统治集团议决政务的记录，从中可以看出元朝政府决定和处理政务的准则、方法和过程。

　　《元典章》文体独特，不仅使用一般书面语，词讼文字中又常用元朝口语。此外还有圣旨、令旨和省、台文件中使用的以口语硬译蒙古语的特殊文体，语法特征与汉语大不相同，有许多硬性翻译蒙古语的奇特词语。

　　有时在同一文牍中混用这些不同文体。书中元朝俗体字很多，从中能够看出当时社会上企图简化汉字的自发趋向。

　　元朝立法形式有一个弊端，就是随着岁增月积，颁降的格律越来越多，必然出现繁杂重出、罪同罚异的情况，这就使各级官吏得以任情挟私，高下其手。

　　对此，元朝统治者采取了两种措施：

■ 元朝大臣蜡像

一是将历年所颁降的某一方面的条例重加分拣、斟酌、厘定，形成新的法律文字，作为"通例"公布。例如，公布的"赃罪条例十二章""强窃盗贼通例"等。

这类采取划一的法规形式而且较为系统的单行法的实施，证明元朝立法确实在逐渐地从因时立制、临事制宜向法典化过渡。

二是召集老臣，从整体上对国家的体制法程作某种程度的统一或协调。这方面最显著的成果就是《大元通制》和《至正条格》。

在犯罪分类上，特别强调"强奸幼女罪"的罪名并加重处罚。在量刑原则上，崇尚轻刑，尤其是对婚姻家庭方面的犯罪处罚较前代为轻。

烧埋银是元朝法律规定在对犯罪人处刑的同时，并科对被害人予以赔偿财产的制度。烧埋银主要适用

限田制 从汉简《二年律令》颁布后汉文帝废止普遍授田制，这是秦汉土地私有化的一个重要标志，同时进行了"限田令"来限定私人土地的规模，其中有学者提出限定对象是得到国家授田者，多是军人阶层。以此可以看出汉代土地是国有与私有共存。

于杀人或伤人致死犯罪。对于各种杀人罪，向罪犯家属征"烧埋银"白银五十两给苦主即受害人家属。烧埋银具有一定的损害赔偿性质，

在民事方面，元朝废除限田制。契约关系上基本继承了宋代的规定。损害赔偿的内容在法律中有较多设定，这是元朝法律在此方面的发展。元朝的婚书、职业媒妁、赘婿、收继婚等实体制度，独具特色，对后世的社会风俗产生了不少影响。

民事方面的立法还有法定婚书和收继婚的规定。

法定婚书是书面婚约，是双方当事人同意建立婚姻关系的意思表示。元朝规定，婚姻成立以婚书为法定要件，婚书写明聘娶财产的数额，如是招赘，还须写明养老或出舍的年限。

主婚人、保亲人、媒人都要在婚书上签字画押，然后才能结婚。设定婚书的目的是为了达到消除婚姻纠纷以致发生争讼的目的。

收继婚就是未婚男性收娶家族中的寡妇为妻的婚姻方式。这是蒙古族的旧风俗，元朝以法律承认了它的合法性。这种婚姻成立一般发生在亲兄弟之间，远方亲属一般不许收继。

元朝官员蜡像

■元朝国师印章

在经济立法方面，元朝的经济立法有专卖法、海外贸易法、赋税制度等。

此外，元朝还有经义取士制度。元朝的科举考试制度在命题方面，将《四书》《五经》的程朱理学注解为主。这种考试制度结束了以诗赋取士的历史，首创以程朱理学为程式的经义取士制度。考试每3年举行一次。

元朝的司法机构，中央有大宗正府、刑部、宣政院；地方上以行省、路、府、州、县分列五级。

元朝法律规定，各级地方政权机构处理一切公事，都必须有长官与正官集体与议，共同署押，称"圆署"制度。只有路、府所署推官，由于是专门董理刑名，其余诸色事务，可以不参加会议通署。

凡有罪囚，先由推官鞠问，问明案情后，再由全体行政官员"通审圆署"。所在州、县发生的刑案，如超出当地官府决断权限，也由路、府推官负责审理。

■元朝鎏金青铜印

元代印玺

元朝诉讼审判制度大部分延续宋代旧制，以"干名犯义"较具特色。

元朝强化了前代关于诉讼当事人在身份上和资格上的限制，确立"干名犯义"的罪名。它是指除了反叛、谋逆、故杀人外，凡子证其父、奴告其主、妻妾弟侄告发父兄叔伯等诉讼行为，都被认为是大伤风俗的"干名犯义"，一律禁止。这一规定为明清所继承，"干名犯义"的告诉，对被告作自首处理，对原告予以处罚。

在法医学方面，在宋朝法医学取得成就基础上，元朝的法医学又有了发展。其主要成就表现在3个方面：

一是《检尸法式》的颁布与实施，简化了烦琐的检尸文件。其检验点达70余处。方位、名称、顺序与南宋末年的法医学名著《洗冤录》所著相近。

《检尸法式》作为立案追勘的官定手续之一，而且其方式大略完备。这也是元朝裁判制度的特点之一。

二是《无冤录》的出版，《无冤录》是蜚声中外的元朝检验录，

元代八思巴文印章

其主要成就将在医学著述项下介绍。

三是《儒吏考试程式》的颁发，《儒吏考试程式》又称结案式，颁布于1297年。全文共分24个字，每个字代表一部分，计118条。与法医学有关的尸、伤、病、物等共计53条。

《儒吏考试程式》是政府规定上报民刑案件结论的通式，并用它来招考儒吏，以达到文案的统一。

《儒吏考试程式》中的"尸"相当于尸体检查，"伤、病"两部分相当于活体检查，"物"相当于物证检查。这样，《儒吏考试程式》在世界上第一个提出了现代法医学的三大组成部分，即尸体、活体及物证，这是对世界法医学的又一重大贡献。

近世时期

法度天下

　　明清两代是我国历史上的近世时期。明初统治者在重典治国的同时，强调"明刑弼教"，使老百姓都知道法律，做到遵纪守法，提高道德素质。

　　清朝对法典不断修订，其中有些法律形式和立法及司法改革，不仅是我国近代法制的雏形，也对日本、朝鲜和越南的法制发展产生了重要影响。

　　我国近世时期建立的一系列再审、会审等制度，使法制体系进一步完善，法律功能进一步加强。

明朝法律内容及司法体系

明朝的法律制度上乘唐宋、下启清朝，是我国封建社会后起典型代表。明朝是君主专制中央集权制度高度发展和商品经济较为发达的时代，其法律内容与这一时期的政治经济发展状况相适应，也与以往各代有着明显差异。

《大明律》是明朝的基本法典，它前后历时三十年才修订完成，成为我国君主专制社会后期一部具有代表性的成文法典。

明朝统治者为了强化君主专制中央集权统治，明朝司法制度中的机构设置、案件审理以及监察等都出现了一些新的变化，司法体系相当完备。

■明成祖朱棣画像

县衙内的木马刑具

为了巩固和加强君主专制集权制度，明朝法律规定了诸多方面的内容。

在刑事法律方面，明律采取了重罪加重的处罚原则。如在刑罚上，明律规定五刑制度，但徒刑五等分别附加杖60至100，流刑三等分别附加杖100。此外，又增加充军、枷号等律外酷刑。

充军刑源于宋朝刺配刑，明初只是把犯人送到边疆开荒种地，后来逐渐成为常刑。充军刑发配地点远近不等，从4000到1000里，各等均附加杖100。

充军分为终身与永远两种，终身是指本人充军到死，人死刑罚执行完毕；永远是指子孙世代充军，直至丁尽户绝为止。

枷号是强制罪犯在监狱外或官衙前戴大枷示众，以对其进行羞辱折磨的一种刑罚。枷号的刑期为一、二、三、六个月及永远5种，大枷重量有十几至几十斤不等。

明朝严惩官吏赃罪的法律规定，主要集中于《大明律》和明《大诰》中。如《大明律》将6种非法占有公私财物的犯罪列为"六赃"，并绘制成图置于律首，作为仅次于十恶的重罪予以惩处。

其中监守盗、受财枉法、受财不枉法和坐赃4种罪名，均涉及官吏贪赃行为。明律关于官吏贪污、受贿、盗窃等罪的条文很多，且有细密全面的规定。

《大诰》中惩治贪官污吏的规定更加严厉。在《大诰》4编236条中，惩贪条文多达一半以上。有的按律免死，《大诰》则规定凌迟，并且家财没官，家人迁往化外。明太祖要求对官吏犯赃案件，必须顺藤摸瓜，层层追查。

如《大诰》初编载：1385年，户部侍郎郭桓等人贪污巨额官粮，牵连坐罪者极广，中央六部侍郎以下数百官员被处死，其他官吏及地主豪绅有数万人被下狱治罪。

明太祖重惩贪官污吏，往往不只限于案犯本人，而是惩一儆百。他常常利用民众惩治贪赃官吏，允许各地百姓监督、陈告、扭送赃官，并可越级诉讼，直至进京。

官吏征收税粮和摊派差役作弊枉法，受害者可以捉拿该官吏，并自下而上陈告；若上司拒绝受理，也要依法论处。

《大诰》还规定，对于违旨下乡、动扰民众的贪赃官吏，百姓可将其捉拿赴京。为了强化吏治，使官吏尽职尽责，明律还规定了名目繁多的失职渎职罪。

明朝还设有廷杖制度。所谓廷杖，就是按照皇帝指示，由司礼监太监监刑，锦衣卫行杖，在廷殿之上，当众责打违背皇帝旨意的朝文武臣的一种酷刑。

在民事法律方面，明朝对土地所有权有明确的规定。明朝不实行均田制，从法律上废除了"占田过限"之类的规定。

为了发展农业，确保土地的使用，明太祖在建国之

法治天下

历代法制与公正严明

府衙刑具

县衙内景

初就规定，凡逃弃荒田，一律归先占开垦者所有，旧主即使回归也丧失土地所有权，只可请求返还房屋坟墓。洪武年间曾多次下诏，确认垦荒者拥有土地所有权，国家给予一定期限的免税奖励。

为了保护土地所有权人全面行使占有、使用、收益、处分等权利，明朝统治者从法律上确认各种土地所有权，并排除各种不法侵害。凡盗卖、盗种、换易、冒认及侵占他人土地与房屋者，田一亩、屋一间以下笞50；田5亩、屋3间加一等，最高至徒3年；若系强占，则杖100、流3000里。

在土地以外的其他财产所有权方面，明朝也强调先占原则，主要表现在遗失物与埋藏物的归属方面。《大明律·户律六·钱债》中"得遗失物"条规定：拾得人有送官的义务，但失主认领后，要将其一半付给拾得人。30日内无人认领，拾得人可获得该物的全部所有权。

在埋藏物的归属问题上，"得遗失物"也做出了类似规定：埋藏物完全归发现人所有，只是古器、钟鼎、符印、异常之物必须送官。

在财产所有权上强调先占原则，保护先占人的所有权，反映了明朝社会财产私有权观念的深化。

明朝也规定了契约制度。如借贷契约的订立、利息、时限，土地租佃的相关条款，以及典制度等，其基本精神在于保护个人利益免受侵犯。

明朝关于婚姻方面的法律规定，据《大明律·户律三·婚姻》规定：凡男女订婚之初，如有疾残、老幼、庶出、过房、乞养者，务要两家明白通知，各从所愿，写立婚书，依礼聘嫁；若许嫁女方已报婚书及有私约，或虽无婚书但已接受聘财而悔婚者，笞50。

此外，不得收留在逃女囚为妻妾，不得强占良家妻女为妻妾，府州县长官不得于任内娶部民妇女为妻妾，监临官也不得娶为事人妻妾或妇女为妻妾，违犯者依法论罪。

在爵位和宗祧继承方面，明律仍实行嫡长子继承制。如无嫡子，可立嫡长孙，或立庶长子，违者处刑。明律规定，立嫡子违法者，杖80；立异姓义子

过房 亦称过继或过嗣。指本人无子而将兄弟之子或他人之子转为己后。旧时，过继为族中大事，一般都要举行重要仪式。仪式由双方父母参加，并请族长到场，郑重立下过继文书，写明抚养权及遗产继承权，并宴请邻里、族老，自此过继宣告成立。

■府衙内的开道牌

者，以乱宗论，杖60。

在财产继承方面，仍实行诸子均分制。明律规定，嫡庶子男，不问妻妾婢生，只以子数均分；对户绝财产，无同宗应继者，由所生亲女承受；无女儿，财产入官。妻子是特殊顺序的继承人，寡妻如有子，由寡妻掌管家产，并不发生析产问题；如无子守志，寡妻应与族长择同宗应继之人立为亡夫嗣子；如无子而招进赘婿，必须为死者另立嗣子，家产均分。

在经济法律方面，明朝建立了匠籍制度，手工业工人一旦被编入匠籍，便世代为官府劳作，不许脱籍，没有自己经营和迁徙的自由。

明朝第一次将盐法、茶法纳入国家正式法典，确立国家对盐、茶经营的垄断地位。明律规定，盐商、茶商必须经过法定手续，取得"盐引""茶引"等官方发给的专卖许可证，才能经营；否则构成私盐、私茶罪。

凡犯私盐罪者，杖100徒3年；若有军器，加一等；拒捕者斩，即使买食私盐者，也要杖100；如果买后又转卖者，杖100徒3年。

国家鼓励百姓告发私盐犯和私盐犯自首，并且打击专商倒买倒卖

镇北堡的古老铁匠铺

■ 张居正（1525年—1582年），字叔大，号太岳，湖广江陵，今属湖北省人，又称张江陵。明代政治家、改革家。我国历史上优秀的内阁首辅之一。他辅佐万历皇帝进行了"万历新政"，使原已垂危的大明王朝生命得以延续。

盐引和盐货，以保证盐法的顺利实施。凡犯私茶罪者，同私盐法论罪。

《私茶条例》甚至规定，内地人潜往边境贩卖私茶，与化外人交易，则不论斤两，连同知情人，一律发往烟瘴地区充军；倘若私茶出境和关隘失察者，并凌迟处死。

明朝的赋税种类较多，其中最主要的是土地税、人口税和商税。明朝的土地税和人口税以黄册和鱼鳞册为征收依据。黄册是登记全国人户的户籍，鱼鳞册是对全国土地进行丈量后绘制的图册，每家每户的土地位置、大小、形状等都在鱼鳞册中标注出来。

明神宗万历年间，为了解决赋役不均和征收混乱的税制弊端，首辅张居正开始推行"一条鞭法"。

其内容大致包括：第一，简化征税手续，将过去征发的所有项目合并为一条；第二，实行田赋和徭役合一，统一征收银两，将过去按户按丁摊派的徭役归于田亩；第三，以雇役制代替差役制，每年征缴一次代征银，各州县所需力役，由官府出钱雇募。

"一条鞭法"的推行，在我国古代税法史上占有重要地位。它将过去的所有税目合并为一条，并将徭役折银摊入地亩，既简化了税制，又由实物税转化为货币税，有利于商品货币经济的发展。

为加强对商税的管理，《大明律·户律五·课程》有"匿税"条规定：凡城镇乡村的商贸集市和海港码头，都由官府设置的人员专门

法治天下

历代法制与公正严明

■木府议事厅

管理；凡客商匿税及酒醋店铺不纳税者，笞50，货物一半入官。为奖励告发偷税漏税者，还将没收货物的十分之三给予告发人。

明朝不但重视国内税收立法，而且对外商载货入境作了严格规定。凡海上贸易活动，船舶一靠岸，即必须向官府申报，按十分之一征收进出口税；若不报或报而不实，杖100，货物入官；窝藏货物者同罪，告发者给予奖励。这一税收立法，既保护了国家的财政收入，又维护了国家的关税主权。

明朝商业活动活跃，货币流通量增大。为此，《大明律·户律四·仓库》首次设立"钱法""钞法"专条，确立了宝钞与铜钱并行使用的制度。

按照其规定，各种钱币并行使用，不得重钱轻钞，违者处杖刑；伪造宝钞，不分首从，一律处斩，没收财产；窝主、知情者、使用者与伪造者同罪；描改者杖100、流3000里；私铸铜钱者处绞，匠人同罪。甚至还严厉打击私自买卖废铜的行为，违者各笞40，以防止伪钱的铸造。

这些法律规定，对保证国家货币的正常流通，稳定经济秩序，发展商品经济，发挥了重要作用。

明朝中央司法机关分别是刑部、大理寺和都察院，统称三法司。但与唐宋中央司法体制不同的是，明朝以刑部掌审判，大理寺掌复核，都察院掌监督纠察。

刑部由唐宋时期的复核机关改为中央最高审判机关，明初下设四司，后扩充为十三清吏司，主要审理中央百官违法犯罪案件和京师地区重大案件，分别受理地方上诉案件，审核各地重大案件。刑部有权判决死刑以下案件，但徒流刑案件须报送大理寺复核。

大理寺由唐宋时期的中央审判机关改为复核机关，主要复核刑部和地方判决的徒流刑以上案件。如发现判决不当，可驳回原审机关或改由刑部重审，死刑案件则须奏请皇帝批准。

都察院作为皇帝的耳目和监督纠察机关，除纠察弹劾各级官员的违法失职行为外，有权监督检察刑部和大

法治天下

历代法制与公正严明

清吏司 是明朝时的一种制度，中枢六部均分司办事，各司分别称为某某清吏司。各司之长官称"郎中"，副职为"员外郎"。清沿明制，但户部增为14个清吏司，刑部增为18个清吏司。

■明代货币

理寺的审判复核活动，并且经常与刑部和大理寺共同会审重大案件。

明朝地方司法机关分为省、府、县三级，府、县仍由行政长官兼理司法，而省一级变化较大。各省设布政使掌行政事务，提刑按察使专掌司法审判。按察使有权判决徒刑以下案件，徒刑以上案件须报送刑部审查。

明朝实行世袭兵制，军人编入军户，部分训练征战，部分屯田耕种。军户之间发生奸盗、诈伪、户婚、田土、斗殴纠纷，一般不受普通司法机构管辖，而由各卫所的镇抚司、省都指挥使司的断事司审理。但人命案件则约会当地司法机构检验审理，军民交叉诉讼也由军事机构与当地司法官会同审理。

明朝各地基层乡里组织设有"申明亭"，由本乡人推举三五名正直公允的老人主持，负责调处民间纠纷争讼。经调解后不愿和解者，也可向官府起诉。

这一组织的设立，已具有基层民间调解制度的性质，可以发挥申

明代士兵蜡像

申明亭

法治天下

历代法制与公正严明

明教化、稳定社会秩序的作用，反映了明朝统治者"明刑弼教"的法制思想，即用刑法晓谕人民，使人们都知法、畏法而守法，以达到教化所不能收到的效果。

为了加强皇帝对审判权的控制，有助于法律的统一适用，并对司法机关的审判活动予以监督，明朝对重案、疑案以及死刑复核案实行会审制度，包括廷审、三司会审、九卿圆审、朝审、大审、热审等。

廷审是由皇帝亲自审讯犯人的一种特别审判。明初朱元璋规定，对武臣所犯死罪案件，必须由皇帝亲自审讯；遇有特别重大的案件，皇帝认为有必要时，也可亲自进行审讯。

三司会审源于唐朝的"三司推事"，是由刑部、大理寺、都察院三法司长官共同审理重大案件的制度。

九卿圆审是对特别重大案件或二次翻供不服案件，由三法司长官会同吏、户、礼、兵、工五部尚书及通政使等九家重要官员共同审理的制度。

朝审即由三法司长官与公、侯、伯等爵高位重者，在每年霜降后共同审理大案重囚的制度，始于1459年。

大审是由皇帝委派太监会同三法司官员共同审录罪囚的制度。它定制于明英宗时，每5年举行一次。这是明朝独有的一种由宦官指挥司法、会审重囚的制度。

热审是由司礼监传旨刑部，会同都察院、锦衣卫于小满后十余天暑热季节进行的会审制度。自1404年起，因夏天炎热，为清理牢狱，乃令中央府、部、科协同三法司遣放或审决在押囚犯。一般笞罪无干证者，即行释放；徒流刑以下减等发落；重囚有疑难者以及戴有枷号者，奏请皇帝最后裁决。

明朝对大案、要案、疑难案件进行会审的制度，在清理积案、审慎刑罚并对各级司法机关进行监督检查方面起到了一定作用，也保证了皇帝对司法大权的有效控制。

明朝司法制度的突出特点是"厂卫"干预司法。厂指东厂、西厂、内行厂，卫指锦衣卫，合称厂卫，是明朝统治者为了强化君主专制统治，在普通常设司法机关之外设立的特务司法机构。

东厂、西厂、内行厂是由宦官指挥组织的特务司法机构。1420年，成祖依靠宦官设立东厂，专门从事侦缉活动，并行使审判权。

明代觐见皇帝场景

■明宪宗 （1447年—1487年），朱见深，明朝第八位皇帝，谥号"继天凝道诚明仁敬崇文肃武宏德圣孝纯皇帝"，葬于十三陵茂陵。在位初年励精图治，末年好方术，宠信宦官，以致奸佞当权，西厂横恣，朝纲败坏。

由于东厂直接听命于皇帝，事无大小一律向皇帝奏报，甚至夜间遇有急事也可面见皇帝，就连锦衣卫也在东厂侦查的范围之内，而且东厂人数众多，形成了以京师为中心的全国性的特务网，权力很大。

明宪宗成化年间，社会治安进一步恶化，原有的厂卫机构已不能满足需要，于是又设立西厂。其四处刺探民间反叛行为，权力和人数又大大超过东厂，进一步发展了特务司法机构。

明武宗正德年间，为强化镇压职能，又在东西厂之外设立内行厂。其不仅侦缉官民，而且还操纵、控制、监视东西厂，权力更在东西厂之上。

锦衣卫由保卫皇帝安全的侍卫亲军组成，是皇帝最亲信的贴身禁卫军，主要负责皇宫警卫及皇帝出行仪仗事宜。

1382年，朱元璋为了有效控制臣民，赋予锦衣卫侦查、逮捕、审讯等司法权，并直接对皇帝负责，大理寺和刑部不得过问其审判活动。锦衣卫下设南北镇抚司，南镇抚司主管本卫军、匠人员纪律，北镇抚司专理诏狱，设有专门监狱。

1387年，朱元璋又明令禁止锦衣卫干预司法。但到永乐年间，又恢复了锦衣卫干预司法的职能，并一直延续到明末。

厂卫制度是明朝始创并独有的，是受皇帝指使的法外司法机关，具有独立的侦查、缉捕、审讯权。厂卫不受法律和司法程序约束，而有一套特殊的手段和程序，可监视各类会审，可随意到各级官府或各地侦缉、查讯，可自设法庭对犯人进行随时随地刑讯问罪，可制造口供、迫害异己、严刑定案、任意杀戮。

这些做法严重破坏了正常的司法制度，加深了统治阶级的内部矛盾，官僚与厂卫之间的冲突也日益激烈，成为明朝中后期的一大政治弊端。

明朝监狱组织，自中央到地方已系统化。中央有刑部司狱司管辖的刑部监狱、都察院监狱、五军都督府和兵部下属的军事监狱及锦衣卫监狱，地方各省、府、州、县也设立监狱。

全国监狱均由刑部提牢厅管辖。提牢厅专设提牢主事负责，但无专人专职，一月变更一人主持。提牢主事的职责是点视囚犯和监狱，都察院等机关可以派人提调监督。

明朝的监狱管理制度有所发展和完善，当时已有男监、女监、内监、外监之分。为了保障监狱系囚安全，明朝正式规定了狱官"点视"制度，定时点检囚犯、巡视监狱。

对于提牢主事、典狱官以及狱卒失职或纵囚行为，明律规定了比唐律更重的惩罚。明朝还对囚犯的衣、粮、医药等待遇规定了相关法律，明确了囚犯的生活管理制度。

阅读链接

明朝大理寺于1381年置，当时明太祖朱元璋任命李仕鲁为首任大理寺卿，正五品。为加强大理寺的权力，1389年，朱元璋升大理寺卿为正三品，少卿正四品，丞正五品。

据《明朝典则》记载，明太祖曾经把大理寺丞周志清提为卿，并要求他做到"推情定法""刑必当罪"，使"狱以无冤"。明太祖知道，要做到这些是很不容易的，因此选任的大理寺官员是否得当是非常重要的。

清朝法律内容及司法体系

清朝是以满族为主体建立的王朝，也是专制主义中央集权制度高度发展的时期，它所建立的法律制度，不仅因袭明制，维护封建法律制度体系，而且突出了其民族统治的特色。

清朝法律是在"参汉酌金"的立法思想指导下，在前朝法律的基础上，根据满足自身的特点及现代社会的现实，制定出的法律内容和司法体系。

既体现了儒家传统法律文化的基本精神，又保障了满族贵族的统治地位，从而维护了清朝统治者进行封建统治的需要。

■嘉庆皇帝画像

清代刑具站笼

　　清朝仍沿用隋唐以来笞、杖、徒、流、死的五刑制度，具体适用往往有一些改变。笞杖刑可折为板责，每10下折责4板，再除去不足5板的零数。徒刑1至3年共5等，分别附加杖60至100，每等递增10杖。流刑2000至3000里共3等，每等附加杖100。死刑仍为绞、斩两等，分为立决和监候两种执行方式。立决即立即执行。监候适用于罪行相对较轻的死刑犯，一般是留待秋后，经秋审或朝审最终裁决。

　　《大清律例》对适用立决或监候的罪名都有明确解释，对"杂犯死罪"也有一些变通处理，因过失杀人、误杀人及某些职务犯罪被判处死刑者，往往减等执行徒刑5年。

　　除以上法定五刑外，清朝还增加了一些法外酷刑，主要有充军、发遣、迁徙、枷号、刺字等。充军创立于明朝，重于流刑，是将罪犯发配戍边，分为2000里、2500里、3000里、4000里、4500里等。

　　发遣为清朝新增，又重于充军，是将罪犯发配到边疆地区，充当驻防官兵的奴隶。迁徙是将罪犯强制迁往千里之外安置。充军、发遣及迁徙等罪犯可以带家属前往服刑，不遇恩赦准许，终生不能返回原籍。枷号和刺字均是一种侮辱体罚性质的附加刑。

　　清朝在继承前代统治经验的基础上，对刑罚适用制度有所调整，主要有以下几个方面：

　　一是扩大自首适用范围。如康熙时的《督捕则例》鼓励逃犯"自回自首"，逃亡3次自首仍可免罪；嘉庆时规定，在监犯人因故逃逸又自行回归者，按原罪名减一等处置。

　　二是加重处罚家人共犯。凡家人共犯奸盗杀伤之罪，不分首从，一律按首犯论处。

　　三是实行类推报批制度。清律对唐律的法律类推加以限制，规定"断罪无正条"者，虽可使用类推，但必须上报皇帝批准，不得擅自裁断。

　　四是化外人案件属地管辖。对化外人犯罪案件，清律放弃唐律分别适用属地、属人的原则，改为凡来降人犯罪者，依律拟断。

　　对于强盗罪，清律规定，凡是以强盗方式得到的财物，不分首从，皆斩；杀人、放火烧人房屋、奸污人妻女、打劫牢狱仓库、侵犯城池衙门等行为，积至百人以上，不分得财与否，一律斩首示众；响马强盗，执弓矢军器，白日邀劫道路，赃证明白者，不分人数多寡，枭示；越城入室行劫，伙盗行劫官帑、漕船，粮船水手行劫杀人，等等，也都斩首示众。

在经济立法方面，清朝入关以后，鉴于明末赋敛无度导致农民起义的教训，明令废除"辽饷""剿饷""练饷"等三饷加派，并仿效明制编订《赋役全书》，于1657年颁布，开始建立清朝赋役制度。

《赋役全书》主要内容包括：登记土地、人丁的等级与数量；计算和确定田赋、丁银的数量；记载各地承办内廷及朝廷所需实物贡赋的种类与数量；确定地方所征赋税的分配与使用原则；等等。

康熙时期，随着商品经济的发展，土地转移速度的加快，农民人口大量流动，原来按人丁征税的赋役制度已难以保障。1712年下诏宣布，以康熙五十年的人丁数为定额征收丁银，今后再生人丁，永不加赋。

1716年，广东各州县率先实行"摊丁入亩"，

化外人 化外人即教化之外的人，古时候指外国人。依据《唐律疏议》规定：不同国籍侨民在中国犯罪者，按唐律处罚，实行属地主义原则。这一原则在明朝发生了变化，"凡化外人犯罪者，并依律拟断"，一律实行属地主义原则。

■清代囚车

■ 府衙内的师爷铜像

把固定的丁银额按土地亩数平均分摊到田赋中，不再按人口征税。至1723年，又将"摊丁入亩"之制推行到全国，从而简化了征税标准，减轻了农民负担，废除了沿袭2000年的人丁税，削弱了农民的人身束缚。

1646年，顺治帝下令废除明朝匠籍制度，将匠户编入民籍，与农民一体纳税当差，禁止官府以各种名义无偿役使手工业工人，使其获得了与农民相同的法律地位。

同时，放宽了国家对手工业的专擅垄断，除武器制造、货币铸造及宫廷所需重要物品由官府经营外，其他行业经过官府批准，并按规定纳税，都允许民间手工业者经营。

为了发展私营商业，清朝废除明末加征的各项税负，并提高了商人的社会地位，1667年又下令，禁止官僚贵族欺压掠夺商贾，以保护商人的合法经营。1686年，还曾建立牙行制度，由其代表官府监督商税的征收，管理市场物价，规范市场交易秩序。

1757年清朝规定"一口通商"，这唯一的通商口岸就是广州。外国商船只能至广州港停泊交易，由粤海关对外国商船征收船舶税和货税，总称关税。

当时严格限制出口货物的种类和数量，凡马牛、军需、金、银、铜、铁、铅、锡、铜钱、硫黄、书籍、粮食等都不准出口，而允许出口的丝绸、茶叶、大黄等也严格限制数量。

此外，清朝还规定，在广州进行的中外贸易，必须通过官方指定的垄断代理商行"十三行"进行，由它充当外国商人的全权代理人，包销进口商品，代缴关税，采购各类出口商品。

十三行行商既是外商在华行为举止的保证人，也是中国官府与外国商人之间的中介人，外国商人的一切请求均由行商转达，而中国官府对外国商人的一切政令要求也由行商传达。十三行还在广州城外开设"商馆"，供外商作为来华贸易的办事处和住所。

以上诸项海外贸易立法，束缚了民间海外贸易的开展，阻挠了中外正常贸易的进行，影响了社会经济顺利发展。

在行政立法方面，在清朝行政管理体制中，皇帝仍握有至高无上的权力，一切军政事务由其"乾纲独断"。

为了防止宦官专权和臣下结党营私，清律严禁宦官参与政治，严禁大臣交结朋党及内外官交结，犯者按"奸党罪"处斩。在皇帝之下，仿明制设内阁，代拟批旨，呈进奏章。

十三行 清朝设立于广州的经营对外贸易的专业商行。又称洋货行、洋行、外洋行、洋货十三行。1685年开放海禁后，清政府分别在广东、福建、浙江和江南四省设立海关。粤海关设立通商的当年，广州商人经营华洋贸易二者不分，

■ 清代纸钞

内阁大学士名额不定，康熙时多用满汉大学士4员，雍正时6员，乾隆时增协办大学士一两员。内阁大学士为正一品，位列百官之上，但实权远不及明朝，仅仅具有上传下达的职权。

在内阁之外，还设有议政王大臣会议、南书房等辅政机构。雍正即位后，因西北用兵而设立军机处，取代传统的议政王大臣会议，并侵夺了内阁的部分职权。军机大臣位高权重，只服从皇帝命令，是清朝君主专制极端化的标志。

内阁与军机处之下，沿袭明制设吏、户、礼、兵、刑、工六部，分设满汉尚书各一人，满汉侍郎各二人，下置郎中、员外郎等属官。六部长官对皇帝负责，只能奏请皇帝颁发必要的诏令，无权向地方直接发布命令。

六部之外的院、寺、府、监均有较大裁并，九寺只剩下审理刑狱的大理寺，管理祭祀的大常寺，管理马政的太仆寺，以及管理典祀筵宴朝会的光禄寺和鸿胪寺；五监仅剩下掌国学政令的国子监；只有培养封建统治人才的翰林院仍维持明朝时的地位。

地方政权机关分为省、道、府、县4级。明朝临时派遣的督抚已成为固定的省级长官，握有地方军政大权，但必须秉承朝廷指示行事。

法治天下

历代法制与公正严明

清代银楼

布政使和按察使失去了明朝时行政上的独立性，成为隶属于督抚的分理地方民财和刑狱的两个机关。

省下设道，作为省的派出机构，负责联络省与基层的关系，由道员主管政务。道下设府，由知府主管行政、经济与司法等事务。与府平级的机构有厅和直隶州。府下设州和县，州置知州，县置知县，由中央直接派遣。县下设有征收赋税钱粮的里甲和防范盗贼的保甲。

在职官监察方面，清朝基本沿袭明制，中央仍以都察院为监察机关，长官为左都御史。为了集中皇权，将六科给事中并于都察院。

六科给事中与十五道监察御史合称"科道"，分别负责对京内外官吏的监察和纠弹，使监察机构实现一体化。当时有科道官密折言事制度，将军机处以外的所有机关和官员都纳入监察稽违的范围之内。

1690年，康熙令左都御史为议政大臣，参与朝政决策，充分发挥科道官作为皇帝耳目的作用。地方则由省按察使派出的"分巡道"和省布政使派出的"分守道"分别对府、州、县官员进行监察，同时废除了巡按御史制度。

清朝的会审制度有所发展。除了从明朝的"九卿圆审"发展而来的九卿会审外，还制定了朝审、热审和秋审制度。

审理的案件主要是刑部判决的案件，以及京城附近发生的斩绞监候案件。热审的目的是加快笞杖刑案件的审理判决，疏通监狱，以防

御马监太监腰牌

在暑热天气庾毙囚犯。秋审是清朝最重要的死刑复审制度，因为是在每年秋天举行而得名。

秋审审理的对象是全国上报的斩监候、绞监候案件，案件经过秋审复审程序后，分四种情况处理：

第一，情实：罪情属实、罪名恰当者，奏请执行死刑。

第二，缓决：案情虽属实，但危害性不大者，可减为流3000里，或减发烟瘴极边充军，或再押监候办。

第三，可矜：指案情属实，但有可矜或可疑之处，可免于死刑，一般减为徒、流刑罚。

第四，留养承祀：指案情属实、罪名恰当，但有亲老丁单情形，合乎申请留养条件者，按留养案奏请皇帝裁决。

阅读链接

清同治、光绪年间，地方执法机构有个仁让公局，位于现在的广州市番禺区沙湾镇古安宁市中街偏东。根据有关文献记载，仁让公局在当时担负众多的社会管理职责。

当中包括：禁赌博、禁米店抬价、解劫匪、组织蚕业公司、暂停收谷等，解决不了的则呈交县署裁决。

仁让公局目前还完整保存有4通石碑，即禁挖蚝壳告示碑，禁牧耕牛告示碑、白鸽票花会公禁碑、即禁赌、四姓公禁碑，它们从侧面反映了仁让公局在基层政权管理中的职责。